U0550117

AQUARIUS

AQUARIUS

AQUARIUS

AQUARIUS

Vision

一些人物，
一些視野，
一些觀點，
與一個全新的遠景！

父能量

放下父愛的缺憾，
也放過自己

馮以量

〔馬來西亞家庭關懷及家族治療推手〕

這是五十歲的馮以量
送給十歲馮以量的一份生日禮物。

【推薦文】

生命從無望走向可能

文◎李崇建（台灣薩提爾推手・作家）

馮以量是我的典範。

我們都是創作者，都學習薩提爾模式。前幾年我常去馬來西亞，最常聽見馮以量的名字，從讀者、聽眾與助人者口中聽說他的助人情懷，還有他演講的內容，都讓人感動與獲益。

我因此閱讀他的書，曾主動為他寫序，因為他將薩提爾模式演繹出一種世間的美，不僅深入人的心中，又生活化地接地氣，而且，他又如此的真實，願意坦誠地示現自己，不是活在理想的閣樓中。

打開真實的自我

我曾與以量對談，談的是自己的父親。那次以量娓娓道來：父親給予他的傷害，他的叛逆、愧疚與悔恨。他坦誠自己的受傷，對父親深深地生氣，曾經對自己不接納。那場觸動人心的談話，讓我心裡共振一種能量，線上近兩千位聽眾亦打開一扇心靈的窗口，包括與談者的我都深深為他感動。他療癒了很多親情受傷者，敢於去看見與承認自己與父親相關的議題。

他的新作書寫父親，我早已引頸期盼。雖然我與以量不同，我深受父親的滋養。在母親離家的歲月，父親以一己之力愛我們，澆灌了很多的愛，讓我日後少走彎路，能從一團混沌之中，重新體驗自我價值。但以量的父親議題，讓我聯想到母親議題：母親曾經帶來的紛亂、對家庭的忽略與缺席，都對我日後的人生造成衝擊，與以量父親的角色相當，因為童年時期的成長受父母影響甚鉅。

以量的新作從自我揭露，談他進入助人工作始，在工作坊身為學員的歷程——他面對父親的議題，幾乎難以審視、難以面對，艱難如颶風、巨浪來襲，一波波拍打生命的岩石，激起生活中諸多漣漪。

工作坊導師追問他：「為什麼還不放下呢？」以量回答：「如果我連這個都放下，那麼我們的父子關係裡，就什麼都沒有了。」以量自陳自己的內在：「如果我把這些都拿走，那麼我們的父子關係裡，還剩下什麼？」

以量如此坦誠地敘說成長歷程生成的結構中，那個底層深深地渴望曾經帶給他傷害的父親。

在工作坊裡常看見：女孩不斷地透過吃，填滿自己內在的缺憾，只是想跟母親連結，因母親生前未能好好吃飯；不斷求醫問診的兒子，卻不願自己的疾病痊癒，只因疾病能懷念父親，感受與父親靠近的感覺；女孩厭食瘦到僅十九公斤，內心是為了靠近奶奶，不想跟奶奶斷了關係，因奶奶離世前的體重十九公斤；不斷尋求婚姻諮商的女士，心裡播放著痛苦旋律：「自己永遠不值得幸福」，來自不能背叛受苦的母親——若是體驗到幸福的感受，母親的辛苦與悲傷，誰能記得？

這些案主內心潛藏著祕密，連自己都難以覺察。

以量身為一個帶領者，自陳自己的底層意識，原來，導師也是這樣走過來。那是身為一個真實的人共有的身心情感邏輯，銘刻在身心的深處，需要真誠覺察，方能看見。

以量更自覺地陳述，面對個案的生命歷程，他的內在自我也騷動著，他並未逃避或掩飾。書中提及與個案晤談時，他清楚地看見專業我（professional self），以及個人我（personal self）並存。他陪著案主一起哭，陪著案主走過艱難，也以愛與自由挑戰案主，在那些恨與傷的背後，有深深的愛埋藏。他帶領案主從無奈、無能，走到無盡深遠的愛，也經歷自己經驗的傷、自己覺察與體驗的接納，坦誠地面對自我的生命。以量示範了生命如何從無望走向可能。

在系統裡照見生命

薩提爾模式講究系統，在系統裡洞悉成長的脈絡：孩子為什麼會這樣？父母怎麼應對孩子？父母有何成長經歷？

我國中時的國文課本，胡適之寫〈我的母親〉，裡面有一句話：「娘什麼，老子都不老子。」

當時我搞不懂詞性，始終不明白意思。學習薩提爾模式之後，我對這段有新的認識：**人的成長深受家庭影響，父母是家庭的最初成員。**

以量的書中，從小被打的男人，無法停止打自己的孩子，即使「當我用皮帶抽打兒子時，我看見小時候的自己」，但他的身心裡蓄滿憤怒，就是停不下來。

書中呈現系統的影響，比比皆是辛酸淚：體諒母親的付出，卻將對父親的不滿，轉移到孩子的爸爸身上，延續否定父親的憤怒；爸爸離世前對六歲的兒子說：「我把媽媽交給你了……」成為孩子一生的重擔，無法活出自己的生命力；生命受爸爸影響的女士，丈夫一丁點不如期待，她對著先生說：「你千萬不要像我爸爸！我求求你不要像我爸爸！」讓父親的陰影延續，籠罩在原本只是尋常的事件，對爸爸的缺憾以另一種形式，延續在往後的人生中。

我記得有位學員問我：為何看到孩子轉圈快樂，他就那麼的生氣，大聲斥喝自己的兒子？一回溯對話方知道，這位學員在童年時，只要他開心地轉圈，父親就罵他輕浮……過去成長的烙印強大，超出一般人的想像，這些成長的經歷成了養兒育女的阻礙。因為人的大腦神經元恰恰是透過經驗而學習求生存，如同當今的ＡＩ顯學，正是模擬神經網路，成為人工智慧中的一種方法。訓練對話的ChatGPT正是如此，而人腦比ＡＩ更精細，顯然「互動」、「環境」是重要的一環。

以量善於透過對話、透過雕塑，讓案主覺察埋藏於身體裡的記憶，終於在以量的溫柔下，生命經歷模擬重現，進而達到改變的道路，讓我感到尊敬與讚嘆。

他在書中註解：「爸爸是爸爸，媽媽是媽媽，孩子才能成為孩子。」充滿覺察的教育方式，才能減少傷害代際遺傳。

這是一本療癒之書，也是一本教育之書，更是一本成長的手冊。謝謝以量帶來的啟發，為我示範了珍貴的圖像。

【自序】

不是所有孩子都有「父能量」

謝謝你拿起這本書，閱讀這篇自序。

不是所有的父子關係都能和解，不是所有的父愛缺憾都能彌補。我們不需要因為我們擁有不好的父親或者失去很好的父親而感到羞恥。讓我們勇敢地說出屬於我們的，有關父愛缺憾的故事。

這本書裡有十二則主題的故事，每一個故事都出現一個角色：那就是「父親」。書中的主角們和父親都有一段難以安放的關係，他們都很努力地去安頓好父親所給予的失落及傷痛。

我們和父親都不完美，我們和父親的親子關係也無法如理想般完美。我們需要學習接受不完美才是常態，再來好好地思考父親如何影響我們的生命。

如果這輩子你和父親有太多理不清的煩惱，這本書是專為你而寫的。

謝謝你找到這本書，也謝謝這本書能找到你。

「父愛缺席」是我們生命中很重大的功課

我和書中的主角們一樣，「父愛缺席」是我生命中很重大的功課，它影響了我前大半段的人生。小時候，我特別羨慕同學們的父親疼愛著他們。那些父愛洋溢的畫面，依然歷歷在目。

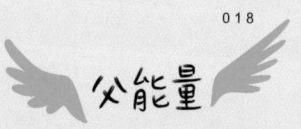

就說一個童年經驗和大家分享吧。小學同學在他家裡和我們玩耍的時候不小心跌倒，膝蓋流血，他的爸爸立即蹲在地上，為他的傷口塗上消毒藥水。這位爸爸說了一句話：「哎喲，心痛死我了。」

不知道為何，那一晚想起這句話，我躲進浴室洗澡，自己小小聲在哭泣。媽媽問我為什麼哭，我沒有回答，我也不會回答。因為我不知道該不該告訴她，我多麼渴望朋友的爸爸是我的爸爸。我怕說了會被罵、會被打。

我這輩子沒有過父親表達對我心疼的經驗，我不知道那是怎樣的感受。我猜即便是膝蓋疼痛、流血，心裡也應該是很溫暖的感覺吧。就是因為自己沒有體驗過，但又看見朋友有那份溫暖的感覺，所以我心裡痛到哭了出來。

我的父親不愛我，但他也不恨我。我在他的生命裡就像是一個不重要的人，沒有交集、沒有對談。

讀到這裡，你可能要替我父親辯護了，你會想要告訴我：「以量，你的父親不是不愛你……只是……」

不瞞你說，我是長年累月聽這些安慰的話語而長大的，所以我就把真實的話語給吞下去。吞下去，我就不用聽這些話了。加上小時候的我又沒有辦法把這種感覺說出口，更不懂得把痛苦說清楚，所以只好心痛地躲在浴室裡哭。就是因為有話說不出口，我的扁桃腺自五歲開始發炎且疼痛長達十年之久。

這一次，我想邀請你聽一聽我內心對父親最真實的聲音，也請你讀一讀書中的主角們內心對父親最坦誠的分享。你可以輕鬆地讀著別人的故事，或許你也可以透過別人的故事看見你自己。當初你是不是也吞下了很多困惑及痛苦，而無法清楚地表達？

父愛缺席影響了我成為一個怎樣的大人呢？

我成為了一個不管我做什麼，都覺得自己是一個自大（不至於狂妄）的人。你會發現人愈自大，其實是愈自卑的。有一些缺乏父愛的我們需要透過攻擊別人（尤其是男性）來刷存在感。我發現自己通常都是和男性（尤其是長者）處於競爭及掠奪的關係。尤其是當感受到不被重視或被遺棄的時候，我就像是一隻滿身都是刺的野生箭豬，不停用尖刺向敵人攻擊。

如今踏入五十歲，我有辦法把受傷的話語說得清楚了，也有辦法把攻擊別人的自大給轉化了。我想藉此機會告訴讀者們：我們這些缺乏「父能量」的成年子女到底經歷了怎樣的歷程。

這不是一本討伐父親的書

每一個孩子的生命都是父親及母親給予的。我們不僅僅是需要母親的滋養，同時也需要父親的關愛。

每一個孩子都需要「父能量」，但不是所有孩子都能獲取「父能量」。在現實生活裡，不是所有的爸爸都有能力把關愛傳送給孩子們。

書中，有些父親是冷漠的、酗酒的、自虐的、家暴的等等，他們如何影響主角們的生命，我都試著一一寫出來。

請放心，寫這本書不是為了要討伐失功能而有過錯的父親，但也不過度合理化及體諒父親失責的行為。

畢竟沒有一個男人天生就想做一名失功能的父親。之所以成為一個有缺憾的父親，他背後有一大段經歷是孩子們不知的，而且他肯定掙扎了無數次，終究還是敗給了命運，成為一個挫敗的父親。

我不會要求讀者們去原諒這些父親，也沒必要強求大家去愛這些父親。我只是希望，當我們看見一個缺席的父親、一個有小三的父親、一個家暴的父親、一個不務正業的父親、一個什麼事都不理不睬的父親等等——在眾多父愛缺憾的面貌底下，我們能理解他行為背後那一連串的經歷嗎？

要是父親願意來找我們，傾訴他的故事，我們願意聽嗎？我們渴望別人聽我們真實的聲音，但是我們願意去聽爸爸的故事嗎？

每一個變壞的父親背後都有他受傷的故事。有極大的可能性是，最需要給孩子「父能量」

的爸爸，本身就是最缺乏「父能量」的孩子。

以安心的步伐，陪著受傷的自己走下去

在還未書寫這本書之前，我以為在最前面的獻詞頁，我會寫上「把此書送給我的父親」。我以為是這樣的。

完成所有的書寫之後，我才發現最需要閱讀此書的人不是我的父親，反而是我自己，是那個小時候因缺乏父愛而迷失的自己。以前失去父愛是很痛苦的，現在雖然還是痛，但不苦了。因此在獻詞頁，我決定如此寫著：「**這是五十歲的馮以量送給十歲馮以量的一份生日禮物。**」

這是我送給自己的一份見證生命成長的禮物。

小時候的我需要閱讀一本有關「父能量」的書籍，因為那個自己有不少的迷失、憤怒、受傷、困惑等。我很欣慰現在的我，有能力寫了這本書送給以前的自己。

除了把此書送給自己，這一本書也是送給你的。

所有在父愛缺憾裡受傷的孩子們，我們曾受過傷，我們要學習負責療傷。

不管我的父親有多壞，我都想在內心留一個尊敬的位置給他。現在的我不再心痛父親沒有幫我的傷口搽藥了。我清楚地知道不管是膝蓋流血或者心靈痛苦，長大後的我要為自己止血、止痛。這樣做，無非是想要放下父愛的缺憾，同時也放過自己。

如果你做得到，我衷心地恭喜你和我同行。

然而，你目前做不到放下父愛的缺憾及放過自己，那也沒有關係，你就用你自己比較安心的步伐，陪著那個受傷的自己，繼續走下去。我相信每一個人都值得擁有美好的生命。

我衷心地希望你會喜歡這本書，也希望這本書能夠陪一陪小時候的你。

目錄

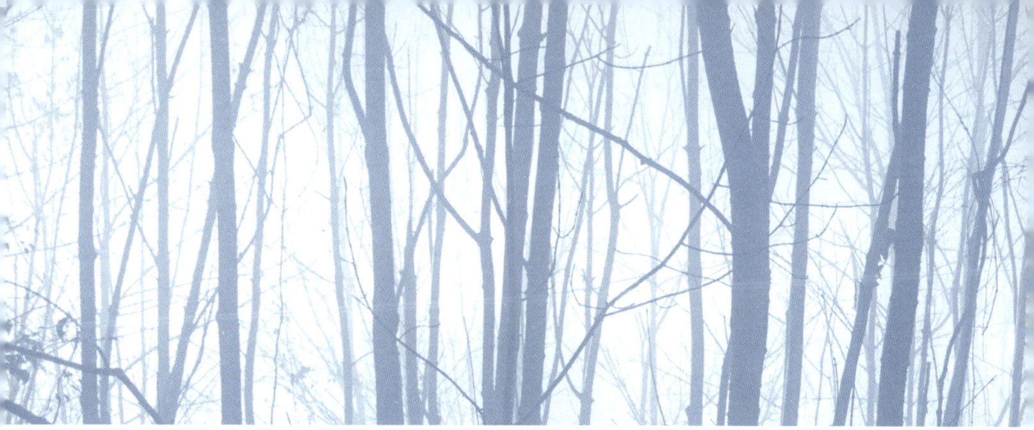

目錄

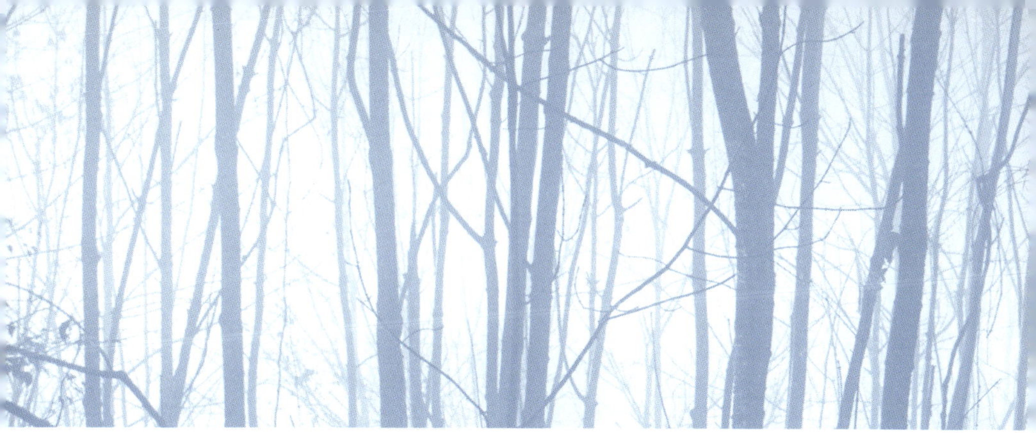

目錄

1 走一段放過自己的路

我緊緊抓住心中的遺憾，像在聲明我仍愛著父親

那些恨，希望得到寬恕。那些自責，希望得到放下。

我在台灣上課，大約有三十位社工及諮商師來參加。為期三天的課程裡，我們一同圍著圓圈坐著。在第二個夜晚，指導老師邀請我們每一名學員輪流站到團體中央，大聲唸出自己想要改變、而且想要放下的事情。

老師給我們每個社工分發一張白紙。我在白紙上，毫不猶豫地寫下：

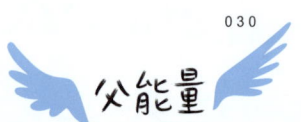

我願意放下我對爸爸不孝的虧欠與內疚。

這樣的夜晚，輪到我出場的時候，我不緊張，清清喉嚨，打開紙張，對著每位學員大聲地說：「我願意放下我對爸爸不孝的虧欠與內疚。」

接著，我撕碎那張紙，把碎紙丟到籃子裡之後，坐回原位。

回看自己的悲傷史

故事是這樣的——

我有幸參與一場由台灣安寧照顧協會主辦，專門為台灣社工開辦的「安寧療護社會心理專業人員課程：專業基礎課程」。其中，有三天的課程是需要我們參與者去面對自己的悲傷史，好讓我們能重新整理自己的悲傷史。畢竟要幫助喪親家屬走過悲傷，我也真的必須先好好地走過自己的悲傷。

其實上課的內容不難，最難的是要看我願不願意在大家面前，勇於掀開自己的脆弱及傷疤。

感恩的是帶領我們的兩位老師都非常資深，由於他們的準備充裕，個人特質又特別溫暖，讓我安心不少。

一開始，暖身的部分做足，接著，老師吩咐我們每位夥伴寫出屬於自己的悲傷史，好讓我們能為自己的悲傷史做出整理，回顧一番。

先讓我說一說如何完整地寫出自己的悲傷史。這三天，我們是以循序漸進的方式完成整個悲傷史的藍圖。首先我們在紙上畫一條線，用來代表我們的生命線。然後在這條生命線的不同年齡點上，寫出我們的失落經驗，並且在每一個點上面，清楚地書寫我當時的歲數、失落的事情、當時的情緒、當時的衝擊、對我當時的重大影響等等。

我在我的生命線上，寫出了六個重大失落的事件。那就是：

・十歲，爸爸離家出走
・十三歲，爸爸癌末去世

· 十五歲，媽媽罹癌，接受化療
· 十七歲，媽媽癌末去世
· 二十八歲，意外車禍，視網膜剝離
· 三十三歲，健康亮紅燈，養病九個月，被迫留職停薪

其實還有很多失落事件，但是我就不寫這麼多了。我把一些比較重大的失落事件記錄下來。看著那張白紙，雖然寫得如此簡單，可是這些失落，在我的心靈上都是很有重量的。

寫好後，老師邀請說：「從裡頭挑出三個失落事件，選擇在三人小團體中分享。」我和另外兩位夥伴開始分享我們的失落。我挑了「十歲，爸爸離家出走」、「十七歲，媽媽癌末去世」及「二十八歲，意外車禍，視網膜剝離」的事情來分享，我覺得這三個點是我想要去看一看的。

第一天的第一回合討論完成之後，老師帶我們做了一回冥想，與過去的自己說說話，也讓我們和自己的悲傷做了一些自由的聯想。第一天的課程，就結束了。我覺得還好，沒有引起任何大風大浪，我還撐得住。

一個我從不曾寫出的祕密

第二天的第二回合三人小組討論，老師開始多加了一些資料及探索的問題，大家往內心深處愈走愈深。

我相信我的夥伴及老師不會傷害我，因此，我說出了心裡很深層的祕密。**那是我在任何一本書籍裡都不曾提及的祕密。**

沒想到，這一次我準備好要去面對了。

我不曾說過這件事，是因為每一次說起，都會很難過，而且是會難過得很厲害的那種，所以不要說用文字記錄，根本就不敢書寫那個過程。畢竟，失去父親的哀傷之中，隱藏著不少的虧欠、自責與不孝的念頭。

我也不知道為何說了出來。總之我就是說出來了，連後來在大團體裡，我也說出來給大家聽。

我對著大團體說：「本來這件事情不是我勾選的三件失落。可是和夥伴對話的過程，促使我覺得自己有必要走進去看一看，所以我說給兩位夥伴聽了。」

大家都安靜地聽我述說。

「我和爸爸的關係不好。他嗜賭如命，欠下一大筆債款後，離家出走，我憎恨他如此狠心地就這樣不管我們死活。因為他的離開、因為我們的貧窮，我們住在一起的三代家人幾乎每天都面對爭吵的生活。那時候，我才快十歲。

「他就這樣不見了，足足近四年。這段期間，他有回家嗎？有。在某個夜晚匆匆地回家，不說話、不出門，把自己關在臥房裡；兩天後，又一聲不響地離開我們。他回來就是要見一見他的母親，還有我的母親。

「在我十三歲的時候，他算是回來了，不再離開。為什麼？他生病了，癌末。媽媽希望我能照顧他，可是我不願意，也沒有人告訴我，他只剩下一到兩個月的壽命。所以我報仇，並且反對他回來。我對爸爸很不好：大聲罵他；把祖母煮給他喝的藥材湯都倒掉、雞腿吃掉；他洗好澡後，需要我幫他拿衣服，我都是用丟給他的，要他自己撿起那些衣服。我就是很不喜歡這個爸爸。我媽媽因此把我打到腿部都流血，說我不孝！我就是堅持不要照顧他。」

其實這些都不是祕密。祕密在於……

「他出殯那天，我哭到不行。媽媽是寡婦，華人習俗不允許妻子送丈夫最後一哩路。結果，由我們這兩個還是青少年，看起來不大也不小的兒女送爸爸最後一程。我十三歲，我姊姊十四歲。出殯的當天早上，道教法師吩咐我們兩個：『我們準備出發了，你們姊弟倆過來看看爸爸最後一面了。』姊姊走在我的前頭，她看了之後，轉身邊跑走，邊哭喊著說：『為什麼會是這個樣子的？』我走到棺木前，看見……」

我坐在大團體內，不停嘆氣，再也說不下去。

不過，這回是我主動要處理自己的悲傷，所以請大家給我一些時間。好不容易擦乾眼淚，透過幾回深呼吸，進而調整有點麻痺的雙掌，我繼續說：「那時候，我看到的是躺在棺木裡的爸爸，他七孔流血——眼睛流血、鼻子流血，嘴巴也流血。他的臉已經被血漿給模糊掉。我看不見他的樣子。」（後來加入殯葬業工作，才知道這其實是因為父親的遺體沒有好好地進行防腐處理，加上在馬來西亞這麼熱的氣溫下，讓棺木擺在一個沒有空調的殯儀空間長達三天兩夜，遺體更容易腐壞。）

說出口的當時，乃至現在寫下來的這一刻，是一樣的：我還是沒有辦法忘記站在爸爸的棺木面前，所看到的那一幕。

父親的遺容讓我很難過。

這麼多年來，我都在逃避那一幕情景，把所有的情緒一一壓抑，選擇不談，試著去忘記。但是，有些事情你忘不了就是忘不了。即便現在寫的時候，我的胃還是有點絞痛，雙手依然有點麻痺。這幅畫面，相隔這麼多年，根本就沒有離開過我，也沒有被我成功地遺忘。倒是讓我很後悔、很內疚、很懊惱也很自責。

幹！我為什麼在那時候做出這麼多大逆不道的行為呀?!我幹麼這麼不孝，讓爸爸不得善終呀?!

我不明白十三歲的我是用一種怎樣的思維，會自動把那幅不堪的畫面詮釋為：「這都是我的錯。我是不孝子。我真是個不孝子。我需要為爸爸的七孔流血負責。」

這種非理性的想法，在十三歲男孩的心靈裡啟動了一個決定：這輩子，你就是一個不孝子。時間久了，它已經根深柢固，怎麼甩也甩不開。

現在寫的時候，我還在嘆氣。唉，爸爸，對不起。我不是故意的。我真的不是故意的。

每個人走在哀傷的路上，有自己的步伐

「其實說到這裡，我還是很難過。」

話說到此，我就在大團體裡停止講下去。鼻子一酸，流下了熱燙的眼淚。

一面聽著老師給我的回應，我一面抹掉那些流下來的眼淚。老師說完了，我們倆安靜地望著彼此。我的眼淚依然沒有停止，夥伴們也願意給我們倆安靜的空間。

老師問：「以量，這些眼淚是……？」

「很傷心，也很複雜。」我繼續說：「這一生，我總在告訴自己，不管怎樣都不要像爸爸一樣。爸爸的不負責任、爸爸的懶散、爸爸的逃避，我統統都不要。我用我一輩子的力量活出另一個和父親不一樣的生命。可是，我並沒有因為這樣的不一樣而快樂。我對他的虧欠，藏在心裡很深。」

我還說：「我現在明白，自己的內疚及自責都是來自於頭腦的非理性思維。但我就是一直沒有辦法放掉這個想法。頭腦都知道，可是這裡沒辦法放下。」我拍打著心臟。

「為什麼還不放下呢？」老師追問。

「**如果我連這個都放下，那麼我們的父子關係裡，就什麼都沒有了。**」我對老師說。

寫到這裡，好像覺得自己明白了一些。

我們父子之間沒有親密，也沒有互動。回顧父子關係，我的腦海裡就只剩下那些不孝的行為及話語。如果我把這些都拿走，那麼我們的父子關係裡，還剩下什麼？所以我緊緊抓住心中的遺憾，以這樣的虧欠來聲明，我還是愛我的父親。

真的，假如我連我對爸爸所做出的叛逆行為而產生的自責都放下，那麼我們之間，就什麼都沒有了。

我們父子之間的關懷少得可憐，我們父子之間的對談也少得可憐，更不要說什麼甜蜜時光及回憶，那簡直是海底撈針。當時的我，連稱呼他一聲「爸」都不願意，我還能夠奢求我們之間存留什麼？

那些恨，希望得到寬恕。那些自責，希望得到放下。這幾年，我寬恕了我的爸爸。但我沒有辦法放下那些自責，沒有辦法寬恕自己當初的行為。

老師聽得明白，不斷點頭。

兩位老師沒有強迫我一定要放下，因為，他們清楚地知道當每一個人走在哀傷的路上，都有自己的步伐。我感謝老師們的包容。畢竟，要我說出爸爸去世那時的遺容，真的需要鼓起莫大的勇氣。

當天，我踏出了一步。

這一步，對我而言很重要。對我的父親，也很重要。

（待續）

給與父親關係不好的成年子女：

過去那一段與父親建立的親子關係所埋下的種種怨恨及煩惱，你覺得自己能跨過去嗎？要是你想跨過去，你還需要訓練及展現哪些內在的資源？

每一次愛爸爸的嘗試，都提醒我恨他的記憶

我愛不了他，但我至少可以選擇尊敬他是我的父親。

【前情提要】回顧個人生命裡的悲傷史時，馮以量首度揭露一個祕密：他氣父親棄家遠走，因而當父親重病回家時，身為兒子的他不願照顧；父親出殯當天，十三歲的他目睹父親七孔流血——這在他心中銘刻下「我是不孝子」的虧欠與內疚，幾十年來揮之不去。而直到開口述說這件事，他終於為自己和父親，在哀傷療癒之路上，踏出了重要的一步。

禮拜五下午是上課的第二天，老師們要我們探討的個人悲傷史，離完成任務的終點還剩下兩三步了。下一步，老師希望我們為「一個人」寫封信。是什麼人，全由我們自己決定。

我坐在房間的角落裡，寫了一封信給父親。信件的內容是這樣的——

爸：

在一九八五年四月中的一個禮拜天，您躺在棺木裡。那一天，是您的出殯日。道教師父吩咐我和姊姊去看您最後一面。我聽到站在前面的姊姊的哭聲，她轉身離去，我隨後走向前去看您的遺容。那是一張七孔流血的臉，眼睛無法閉上。我感到好自責、好內疚，也好難過。

當我在您患病的時候，做了如此多對不起您的反叛行為，您沒有罵我，更沒有說我。我只記得您看著我，嘆了一口氣。我覺得是我不對。這是我的錯。看到您那張七孔流血的臉孔，我更覺得當初一切的攻擊，很不應該。很不應該。

爸爸，對不起。

如果我們父子的關係能夠一切重來，我會希望您能聽到我稱呼您一聲爸爸。我也希望您能接受我給您的照顧，直到您離開人間。

爸爸，如今，我要告訴您：「我活得很好。當初您與媽媽去世的遭遇，我被迫要長大起來。我希望能夠得到您的寬恕，而同時我已經寬恕您當初的所作所為。畢竟，寬恕自己與別人能為我自己帶來心靈上的平靜。」

最後，我想告訴您：「不管怎樣，我是尊敬您的。同時也是愛您的，就像我愛著媽媽一樣。希望我也能從您那得到同等的尊敬與愛。」

以量　2:52 p.m.　06/19

祝福您。安息。

誠實接住自己的羞恥

寫完了。我並沒有像第一天在大團體分享時如此難過，內心有的都是淡淡的憂愁。

老師要我們分成兩人小組，然後各自把這封信唸出來。我和一位男性社工配成一組，對他說：「就讓我先唸吧！」

手裡拿著那封信，我依然嘆著氣。我冥想著父親坐在我的正前方，請同組的男學員坐我右側，成為我的見證人。

我一個字一個字唸出來。好辛苦，好難過。

唸到「爸爸，對不起」，我哽咽得無法唸下去，不停地重複著述說：「爸爸，對不起。爸爸，對不起。爸爸，對不起……」

我拿下眼鏡，不斷地抹掉無法止住的眼淚。老師走上前來，在我的身旁蹲下，問：「以量，還可以繼續嗎？」

我回應：「很難。很難。很難。」

老師複述：「嗯，很難。這一點都不容易。我們還可以繼續嗎？從頭唸出來，好嗎？」

再一次，我拿著那封信，重新唸出信的內容。時空感，它變了。我感覺沒有了老師，沒有了同學。這個時空只剩下我和我爸爸，還有我雙手拿著的那封信。

我一面掉淚，一面在爸爸面前，唸出那些多年以來不曾和他說過、也沒有機會說的自責及虧欠。直到唸至最後一段：「最後，我想告訴您：不管怎樣，我是尊敬您的。同時也是愛您的，就像我愛著媽媽一樣。希望我也能從您那得到同等的尊敬與愛。祝福您。安息。以量，2:52 p.m.，六月十九日。」

連同時間及日期也一併唸出來之後，看到我的夥伴不斷地點頭。那個點頭的動作，讓我的視線回到現場。

爸爸消失了。

爸爸消失的那一剎那，我不停地哭，哭到連鼻涕都流出來。到最後，我用雙手把自己的臉龐蓋住；我想，我的雙手可能是下意識地想要遮蓋我的羞恥。就在那雙手蓋住的背後，我不斷地抽泣。我的虧欠背後，原來有這麼大量的羞恥。

但是說來有趣，我發現還有另外一個自己正在很安靜地看著哭泣的我。

我很心疼這樣的自己。我很清楚地看到自己正在哭泣——自己的虧欠，自己的羞恥。

我一面哭，心裡同時一面對自己說：「過去了，過去了。以量，一切都過去了。放下吧。放下吧，爸爸不會怪我的。爸爸不會怪我的。」

老師再次走過來：「以量，還可以繼續嗎？」

老師的原意是希望我再和爸爸多說一些自發性的話語，甚至再繼續哭泣。但我誤會了老師的意思，以為是自己花的時間太多了，需要輪到下一位夥伴唸他所寫的信件。

所以，我趕緊整理情緒，讓自己回到現場的運作狀況。

寫到這裡，我發現那個情緒也走了。

當天的高壓情緒確實放出來了許多。畢竟，**沒有人規定懷著悲傷的情緒時，一定要大哭一場才算是經歷悲傷。像這一件失落事件，我一生在用的都是漸進的處理方式，慢慢地釋放它一點**

點、一點點……直到我觸碰到自己的羞恥。

我以為對於爸爸，自己只有憤怒及不滿；原來對於爸爸，我內心還有很多羞恥——是關於自己對父親所做過的種種不是而感到羞恥。

對於爸爸，我唯有誠實地接住自己的羞恥，或許這樣做，才能跨越這些痛苦。

坦白說，寫到這裡，在我心裡沒有引起任何激動的情緒。相反地，我心裡很平靜，很平靜。因為我終於釐清了很多父子關係所帶來的內在過程，能把複雜的過程，透過簡單的文字去描述了。

我和我自己很貼近，我沒有批判自己、沒有任何內耗，我內心很平靜。

爸爸不是不愛我，而是不知道如何愛我

當我和同組學員都讀完信件，接下來，老師要求我們與收信人「角色對換」，以對方的身分回一封信給自己。

「盡量不要思考太久。試著從對方的角度，如果他聽見你寫這封信給他，他會給你什麼回應？」老師說。

就這樣，我寫出以下的信件內容——

仔：

爸爸不是不愛你。爸爸一直以來都有好多煩惱不懂得處理。當我聽到你讀出的信，你哭得這麼厲害，爸爸好心痛，好心痛你這樣責怪自己。我知道你所做的一切都不是有心的。即便你當初是故意要傷害我的，爸爸也願意原諒你。

如果我能夠再見到你，我會好好做一個照顧你的爸爸，做一個盡責的爸爸。不再令你們失望。

此時此刻，我要告訴你：看到長大後的你，我好光榮有一個這樣的兒子。我很驕傲。

對不起。爸爸愛你。

爸爸　4:25 p.m.　06/19

寫到這裡，我覺得爸爸是愛我的。就算我是故意的，他也願意原諒我。**他不是不愛我，而是他不知道如何愛我。**他自己心裡沒有體會溫暖的經歷，怎麼能夠給我？他無法給我。

他自己也早年喪父，身為長子的他，得面對及扛起家裡一切的經濟問題。他無法辦到，他沒有這份能力。因此他只能透過賭博來逃避生活中的壓力，麻醉內心無法處理的痛苦。

面對生活上的重擔、壓力，以及喪父的痛——他沒有能力承受這麼多事情。他的痛，我是非常瞭解的。

因為，他的痛也衍生在我的生命裡。而如今我很樂意背著我們這份家族的痛，花上我一輩子的力量去轉化。我清楚地知道，我有足夠的能力去轉化這些痛。

爸爸，你看到了嗎？**我一直都很想做一個和你不一樣的男人。其實，我現在才發現，原來我是在延續著你的生命。**

我是因為你給予生命腳本（life script）而活下來的，但我也很努力地正在改寫你的生命腳本，因為我覺得我值得擁有更好的生命腳本。

爸爸，你看到了嗎？我很努力。我也知道自己一定能夠做到。實質上，我已經做到了。做到不再背負你的傷痛，做到不再憤怒你的過錯，做到不再內耗自己的愧疚。我做到了。

爸爸，謝謝你。謝謝你出現在我的生命裡。讓我看到那複雜的情緒背後，其實是還有更深層的議題沒有辦法完成。如今我終於看清楚，我是在為你的痛而活著去轉化，彷彿我生命的意義多了一份詮釋。

祝福你，爸爸。我愛你，真的真的很愛你。我們之間的父子情是這個模樣，或許這是老天爺最好的安排，我唯有順服。

或許這是老天爺最好的安排

這天晚上，我拿著一張紙站在團體中央，面對著大約三十位參與者。在紙上，我寫著：

我願意放下我對爸爸不孝的虧欠與內疚。

我不緊張，清清喉嚨，打開紙張，對著每一位學員說：「我願意放下我對爸爸不孝的虧欠與內疚。」接著，我撕碎那張紙，把碎紙丟到籃子裡之後，坐回原位。

我連同對於父親的羞恥、恨意與傷痛一併撕碎，留下的只有對爸爸的尊敬。**以前的我愛不了他，因為每一次愛他的嘗試，都會提醒我恨他的記憶。但是這一次，我至少可以選擇尊敬他是我的父親。**

我覺得，對我及我父親，這很足夠了。我有能力拋開愛恨，給予他一份我做兒子的尊敬。

給助人者：

如果你和父親的關係不良好，每當眼前的案主或其家庭成員出現一個又一個功能不良的「父親」時，你要如何消化當下就升起的憤怒？你有辦法在你的爸爸及眼前這位「父親」當中，看見他們有哪些行為及特質是重疊的嗎？

你有能力分辨哪些是你對自己父親的不滿，而又有哪些是你對眼前這位「父親」的不滿？你能做出這樣的分化嗎？我鼓勵你多做「要及時看見重疊，也要立即選擇分化」的訓練。

2 當孩子說恨爸爸，背後是愛與無奈

不顧家的父親，憑什麼要孩子感恩

「你爸爸要死了！為什麼你還不聽話？」長大後的你，會如何回應這句話？

「你不要以為你現在生病了，我們每一個人都得順著你！」十三歲的女兒對著爸爸大吼大叫。正值叛逆期的她，氣勢完全不想輸給爸爸。

故事是這樣的——

接受居家安寧療護服務的爸爸被迫留職停薪。沒有工作的他，一整天都待在家裡，想吃什麼、喝什麼，都由太太服侍。

除了太太的照顧，他覺得這樣不足夠，也要女兒協助太太打理他的飲食起居。以前他還未生病，大家都順著他、寵著他，畢竟男主外、女主內，他待在家裡的時間不多。現在問題來了，他二十四小時全天待在家裡，安心養病，期待家人照顧他。但從小就沒有感受到父愛的女兒，不肯照顧病魔纏身的爸爸。

她和媽媽吵：「我不明白為何爸爸這麼不顧家，你還是這麼死心塌地照顧他。為什麼？為什麼？」

媽媽用藤條打她，說：「你爸爸要死了！為什麼你還不聽話？」

十三歲的女兒不是我的案主，媽媽才是我主要陪伴的當事人。當初這位母親前來尋求輔導，是因為她無法面對準備要失去丈夫的失落，頻頻失眠，而身體消瘦。

如今，她含著淚對我訴說女兒叛逆且拒絕照顧父親的事。

我問：「可以讓我和你的女兒談一談嗎？」

媽媽點頭。

我說：「好，讓我安排去你家做家訪。」

她也點頭。

這是她的故事，也是我的故事

「你爸爸要死了！為什麼你還不聽話？」

這句媽媽罵女兒的話，好熟悉哦。它居然和我母親當初罵我的話，一模一樣。當晚，我因為這句話不斷盤繞在腦海而失眠了一整夜。

怎麼啦？我爸爸已經去世三十多年了，怎麼在那麼多年後，這句話聽起來依然如此令人心酸、難過，而且失眠？

故事是這樣的，那一年，我也是十三歲。

我那個近乎不顧家的爸爸罹癌了，媽媽蠟燭兩頭燒，要照顧生計，也要照顧爸爸。她很自然地希望我和姊姊照顧罹癌的爸爸，以減輕她的負擔。

姊姊心疼癌末的爸爸，她願意照顧，但是我有一萬個不願意。我不僅不願意照顧，而且還故意把祖母煮給爸爸喝的藥材湯都倒掉。凡是物品從我手上給他的，我都不是遞給他，而是用丟的。

媽媽把這些都一一看在眼裡，忍不住打我。「你的爸爸要死了，為什麼你還這麼不聽話？」

當時她是用塑膠水管打的，我的雙腿常瘀青且流血，而有不少傷疤。

倔強的我，憋著氣，就是不哭不鬧，任由媽媽鞭打。內心想著：如果我有一個愛我的爸爸，我會不照顧他嗎？

這些往事，每次回想，都覺得很不堪。

我真的是你眼裡那個不聽話的孩子嗎？

失眠的隔天，我到督導室尋找指引。

督導問我一句話：「如果你有機會和母親對話，**長大後的你，會如何回應媽媽的這句話？**」

我告訴督導：「我心裡有好多話想對媽媽說！對於『你的爸爸要死了，為什麼你還這麼不聽話？』這句話，我會問媽媽：『媽，我真的是你眼裡那個不聽話的孩子嗎？』」

「你繼續多說一點。」督導引導我。

「當初我看著媽媽被爸爸欺負，被他晾在一旁。他健康的時候，有哪一天是願意待在家裡，陪著我們的？沒有！他連我幾歲都不知道。我喜歡什麼科目、我的興趣是什麼，更不要說我的心事是什麼，他統統都不知道！

「等到他生病了，母親居然要我去照顧爸爸——他憑什麼?!憑什麼一個完全不願花點時間陪伴孩子們的父親，卻要他的孩子懂得報恩。

「眼看媽媽受盡委屈，付出這麼多——即便到現在，我永遠也不會忘記無數個深夜裡，她坐在裁縫機前不停車衣、被迫熬夜的背影。要一個女人早上工作、晚上也得工作，身兼多職。「爸爸，你呢？當媽媽辛苦的時候，爸爸，你在哪裡呢？你到底在哪裡呢？你知道媽媽的辛苦嗎？你知道媽媽嫁給你之後，吞下這麼多苦嗎？這值得嗎？爸爸，你有看見嗎？」

我在督導面前激動地說了一大段話。她用很溫柔的眼神看著我，讓我繼續說。

「殘酷的是，當我想要替媽媽反抗時，卻被媽媽打。所有的大人都覺得那是我的錯，說我不孝。原來大人們可以不用理會小孩子受傷的感覺，就這樣逼著我長大，要我懂事。」

督導問我：「所以你病人的女兒受傷的感覺，你是最能理解的？」

「是，我最能理解這種感覺。明明不是小孩的錯，是爸爸的錯，卻反過來是小孩被媽媽打。」

督導繼續問：「那麼，當你去他們家拜訪的時候，你會不會對女兒產生憐憫，對爸爸產生憤怒？」

我沒有底氣地說：「我不知道。這就是我擔心的部分，擔心自己父子之間的往事重疊在案主與女兒的故事裡。」

「看來，老天爺對你很慈悲哦。」督導說。

「怎麼說？」

「這是你以前跨不過的坎啊，或許老天爺借用你所受的傷，去協助這個女兒一同跨過這個坎。也說不定是老天爺借用這個小女孩受的傷，來幫忙你跨過這個坎。」

「啊～這哪裡是慈悲啊？這明明就是殘忍啊！」

不要傷害別人，也不要傷害自己

督導再問：「話說回來，你會擔心對女兒產生過量的憐憫，而對爸爸產生過量的憤怒嗎？」

我依然沒有底氣：「我不知道。我只能說我特別能理解女兒的憤怒及叛逆。」

「那麼你會帶著這些憤怒及叛逆的視野，去看待她的爸爸嗎？」

「我不知道，真的很難說。萬一她爸爸給我一種冷漠的表情，我相信這會引爆我生氣的地雷。」

「為什麼？」

「以前我的父親就是常給我那種事不關己、己不勞心的死樣子。」

「如果是這樣，那你要不要轉介這個案件？」督導問。

我想了一下：「我不想要轉介，我想要試試看。」

「為什麼？」

「因為他是他，我爸爸是我爸爸。至少這一點，我還有能力分辨得出。而且小女孩是小女孩，我是我，我都很清楚。」

「記得，什麼是**專業倫理——就是要記得你提供的輔導服務不要傷害別人，也不要傷害自己**，知道嗎？」督導苦口婆心地說著。

「好的。我記得你時常說的這句話。」感謝督導之後，我嘆了一口氣，望著她說：「好難哦。」

督導笑著說：「當你能跨過去的時候，你就不覺得難了。」

我能嗎？過去的父子情所埋下的怨恨，我真的能跨過去嗎？眼前的這個女孩與她的爸爸，我真的能幫助到他們嗎？

我不知道。但是我唯一能篤定的是：要是不給自己機會試一試，我是不知道答案的。

（待續）

● 給父母親：

當一個孩子對你說：「我不喜歡父親」或者「我恨父親」，你覺得他在內心深處是想告訴你什麼訊息？

我不是恨爸爸，只是失望爸爸不愛我

我這麼愛你，為什麼都感受不到你給我的愛？

【前情提要】馮以量為一個父親癌末的家庭進行輔導，卻面臨困境：自己與爸爸的往事跟案主父女的故事重疊了。從小未感受到父愛的十三歲女兒不願照顧父親，媽媽罵：「你爸爸要死了！為什麼你還不聽話？」這句話竟和當年十三歲的以量遭母親痛罵的話，一模一樣。他能跨越自己的過往，來幫助這個家庭嗎？

一週後，我出現在他們家門前，是爸爸幫我開的門。媽媽特意安排自己外出，好讓我有機會和女孩及爸爸談話。

到底是要個別對談，還是一同對談，我還真沒什麼想法。就看他們父女倆的意願來決定。不過，不是所有事情都能如我的意。沒想到女兒刻意躲在房內，不肯出來談話，也不願出來見一見我，更別說給我機會介紹自己。

因此，我「被迫」與眼前這位爸爸坐在飯桌旁，開始我們第一次見面的會談。

兩個我，與兩個父親對談

即便實際年齡四十多歲，但是身著白衣、短褲的他看起來就像一個六十歲的男性。或許是因為定期做化療，也或許是因為臨終的緣故，他面容憔悴，髮絲稀疏。

當下這畫面不禁讓我想起當初同樣脫髮的父親。但是不管如何努力去回憶，我都想不起自己父親衰老的面容，只怪我當初不想直視父親的樣貌。

所幸這位男性話雖簡短，但非常誠懇。意外地，我發現自己很有耐心在聽他說話，內心並沒有升起任何不耐煩或者憤怒。

允許我誇張地形容這畫面：感覺上，這個男人和我的父親，在兩個時空裡，角色重疊了。以前，我是兒子；現在，我是助人者——兩個我，正在與兩個父親對談。

看似我在聽著眼前的這位父親說話，但是實際上，是長大後的馮以量有機會與過去的父親對話。

這位爸爸和我爸爸有太多的相似處了。不僅是樣貌及臉龐帶點四方的輪廓，連那眼神都相似。怎麼說呢？就是一種話很少的男人眼神裡會散發的憂鬱。

以前我沒有機會認真看著爸爸，當然以前的我也沒有如此能力做出這樣的對談。現在我長大了，有了足夠的內在資源，去和眼前這位父親對談。

我真心不討厭他，不管是專業我（professional self），還是個人我（personal self）。（在心理學中，每一個助人者在對談進行時，是有兩個「我」互相交替及互補的：一個是透過學習兼訓練而產生的「專業我」；另一個是個人生活的體驗層面所產生的自己，即「個人我」。）

我感謝自己，至少我不討厭他，我不抗拒眼前這位父親。

也因為我對我的父親有太多的不瞭解及未竟之事，反而帶給我更大的好奇心，去探索、去對談，促使我更想要瞭解眼前這位父親的生命歷程。

當孩子說恨爸爸，這不是他們的原意

他說：「我的女兒很討厭我。」

我安靜地聽。

他說：「這是我之前沒有好好照顧她的下場。」

我安靜地聽。

他又說：「我不能怪她，只能怪自己。」

我也安靜地聽。

不曉得這些話語，是不是也是我父親的心聲呢？眼前這位父親，他可以在我面前訴說這些親子關係。不曉得以前我的父親，他是否也有對別人說過類似的話語呢？

當下的我，好忙。一下子想起自己的父親，一下子又把專注力放在眼前這位身為父親的成年男性身上。

「我以為孩子有了媽媽就好，我負責賺錢就好了。這是我以為的。」他說：「現在才發現我是這麼不瞭解自己的女兒。她的愛好、她喜歡的老師、她喜歡吃什麼，我什麼都不曉得，我以為這些都是沒有關係的。」

太熟悉了，這位爸爸和我的爸爸是一樣的。他們誤以為男主外、女主內，有老婆顧著這個家，一切就都好了。孩子的教育、孩子的身心發展，他們大可放心，都讓太太處理就好。而且他們的太太也真的處理得很好，都是時勢所逼，成為了一個又一個高功能的女性。

可是，他後悔了。

他的不付出、當初他決定讓太太全權負責照顧孩子，使他錯過了孩子長大最珍貴的過程。錯過了，也成為過錯了。

如今，當孩子進入中學，又正值叛逆時期，一切都遲了。

「孩子現在長大了，那天她大聲說她恨我。她現在只需要媽媽，不需要爸爸了。」他說。

我忍不住插嘴：「其實不是的，這位爸爸，希望你能聽聽我的想法。」我說：「你的女兒不是不要爸爸了。他們都不是不要爸爸——」說到這裡，察覺自己不小心說了一句心底話，我突然哭了。

我為自己的不專業而道歉：「對不起，我一下子想起自己的爸爸了。不好意思。」

我吸一口氣，試著穩定那澎湃的情緒，對著他說：「我想繼續講，可以嗎？」

他雖然不知道我過去的成長經驗，但是點頭，願意聽下去。

我吸一口氣後，繼續說：「其實當每一個孩子說他恨他的爸爸，這都不是他們的原意。」

我告訴這位父親，自己當初是一個非常叛逆的少年，那一年也是十三歲，拒絕照顧生病的爸爸。我慢慢地告訴他，身為過來人，我並不是恨爸爸，只是不明白：我的父親明明可以有很多機會來愛我、關心我，為何他卻選擇忽視我？

「當一個孩子對你說『我不喜歡你』或者『我恨你』，其實他只是想告訴你：『我這麼愛你，為什麼都感受不到你給我的愛？哪怕是一點點的關懷，為何你都不願意給？』」

我接著說下去。

「你的女兒不是真的恨你。她只是失望自己這麼愛你，你卻要她服侍你。她失望你把她當成一個女傭看待，感受不到你當她是一個女兒。」

我強調：「她不是真正恨你的。」

我深呼吸好幾次。

說實話，即便書寫的這一刻，我還是掉下眼淚。

而在那當下，我只能盡量控制個人的情緒。我不想讓自己失控，而忘記了其實在那個時空，我是一個助人者。

寫到這裡，我也發現，當時我沒有和他一同去探索及瞭解他女兒的特質和想法，就強硬地把自己的價值觀端出來，自以為是地代替他的女兒發聲。

我因這種種的不專業而感到懺悔。

恨的背後，有深深的愛及無奈

然而，我要感謝這位爸爸，讓我終於有機會不需要以發洩憤怒的方式，來訴說這些內心的話。而且我可以用比較像成年人的對談狀態，完整地表達當初自己對於恨父親的這些思緒。

恨的背後，有我對父親很深的愛——只是那裡頭，夾雜了許多的無奈。

這位爸爸很安靜地聽著。

從他憂鬱的眼神裡，我相信他也和我一樣，試著穩定自己內心五味雜陳的情緒。他含淚看著我，我知道他對我所說的話是有觸動的。

我說：「不好意思。我講得太多了。不知道這番話會不會給你太大的壓力？」

他點點頭：「不會，不會。我很謝謝你說給我聽。」

我急急忙忙地收尾：「看來時間已晚，我先走了。我想你的女兒不會出來了，不過我想要和她打聲招呼。」

經過走廊，我站在女孩的房門前，隔著門和她說了一聲：「你好，我是以量。我先離開了。再見哦。」

不知道她有沒有偷聽我和她父親之間的對談，但是顯然地，她對我這號人物是沒有興趣的。她並沒有打開門，也沒有在房間內回應任何一句話。

我向這位爸爸伸出手，說：「那麼我先走了，謝謝你。下次可以再來找你嗎？」

「當然，隨時歡迎你。」他握著我的手說。

回到辦公室，我告訴督導：「好糟糕哦，我做了一場超級無敵爛透的對談。」

「想談一談嗎？」她問。

「暫時不行，我需要沉澱一下。謝謝你，督導。」

我的督導由始至終都是如此包容且溫暖。她知道我今天處理的對談，對我而言是非常不容易的。那是我的生命課題。她只以微笑來回應我的回答，她已做出邀請，但從不強迫。

相隔幾十年，完成與父親的對話

回到家，我雖然沒有失眠，但還是睡不好，凌晨四點鐘就醒來了。會在凌晨四點醒來，足以見得這件事在我心底依然是持續被搖晃著的。

睡不著的我坐在窗口旁，凝視著黑夜。一堆念頭就像一群不受控制的猴子，在腦袋裡跳來又跳去，思緒很混亂。

一方面自責把對談搞砸了，另一方面卻對這位爸爸異常感恩。我萬萬沒想到，隔了幾十年，自己居然有機會完成我和爸爸之間的對話。

一方面覺得自己很自私，居然濫用對談的空間來完成自己的未竟之事；一方面又很感恩這位病人，在這個時空，給了我這麼熟悉的脈絡去經歷。矛盾得很。

然而，我唯一沒有混亂的念頭是：**我長大了，我看懂了，至少我不再恨爸爸了。**

爸爸，我真的沒有再恨你了。只是我心裡依然很難過：為何我們父子倆的緣分這麼淺？為何就不能再靠近一點？

這已成為事實，也成了我心裡很沉重的遺憾。

我也曾想，要是當初我不罵你，要是當初我不叛逆，要是當初我願意去照顧你，我們父子情的結局會不會好一些呢？儘管也知道這樣的詢問，我這一輩子都找不到答案。

除了這些念頭，我的心依然牽掛著那位十三歲的女孩。她躲在房間裡，不說話。但這樣的**「不說話」，卻顯得出她的抗議好大聲！**

我又可以怎麼樣幫忙她呢？我還能為她做些什麼呢？

我們都是沒有足夠父愛的孩子，但是，她的經驗能不能比我好一些呢？要是能夠幫助這個女孩與父親和解，我心中對於沒有好好照顧自己父親的遺憾，是否就會因此減輕一些呢？

我沒有答案。不過，我還是願意試一試。

（待續）

給父母親：

年幼的小孩從小就沒有了爸爸，不管是生離或死別，孩子要從哪裡吸取「父能量」呢？誰可以代替小孩的父親給予「父能量」？「父能量」中包含了什麼，而能有助於孩子的成長呢？

如果我們有任何一方，願意向前走一步

鼓起勇氣，為了想要與家人和解，也想要與自己和解。

【前情提要】在與癌末的輔導案主會談時，由於這個家庭中，父女關係的僵局與自己和父親之間太過相似，馮以量一方面聆聽著眼前的這位爸爸說話，卻也彷彿是長大後的他，終於有機會與過去的父親對話。他含淚說出心底話：「其實當孩子說恨爸爸，不是他們的原意。他們並不是不要爸爸。」而這番真心述說，為這個家庭開啟了新的可能。

我並不知道，我那一番心底話影響了這位爸爸。

對談的隔天早上，女孩的媽媽在電話裡帶著好奇的語氣，問我：「阿量，昨天你到底和我的丈夫說了些什麼？他昨晚居然向我們道歉……你到底和他說了什麼？」

「我並沒有說什麼哦……」我撒了謊，無非是因為我反應不過來。接著進一步說：「我反而想知道他跟你說了什麼呢。」

「他對我說，要不是這一場病，他不知道我在家裡原來有這麼多事情要辦。這十多年來，他覺得自己是最辛苦的，這才發現他錯了。他還以為自己最辛苦，現在才曉得，原來要應付一個正在青春期的叛逆女兒才是最辛苦的。」

媽媽在電話中哽咽地繼續說：「他也跟女兒講，這些年來，他錯了，希望女兒可以原諒她。」

「那她怎麼回應？」我追問。

「她沒有回應。」

「為什麼？」

「她就是不願說話。」

「那你的老公失望嗎？」

「我相信是有的。」

「你先生有氣女兒沒有回應嗎？」

「沒有。」

「後來，他還有繼續說話嗎？」

「也沒有。」

「那你呢？你有加入對談嗎？」我再追問。

「我沒有，因為我不知道要說些什麼。」

「然後呢？」

「我就沖了三杯美祿給大家喝。」

「他們倆都有喝嗎？」

「嗯，我們三人把美祿喝完，就去睡覺了。」

「都沒說話？」

「嗯，都沒說話。」

「哦，好好好。」我問：「那我還可以去你家，見一見你的女兒嗎？」

「可以啊。」她說：「阿量，謝謝你啊。我老公也問『阿量什麼時候再來我們家』，我覺得他很喜歡你，他也很歡迎你。」

「好好好，一定一定。謝謝你，謝謝你。我一定會再拜訪你們。」

「改變」，在這個家裡開始了

在督導面前報告這一家互動的最新狀況，我像個大孩子，手舞足蹈。

督導笑著問我：「這裡面，有什麼是你最開心的事？」

我回應：「他們可以有更好的結局。」

「什麼意思？」

「他們三人安靜地喝著美祿，對我而言是一個很有意思的隱喻。」

「怎麼說？」

「女兒沒有要原諒父親。或者說，女兒目前還來不及消化父親突如其來的懺悔，她不曉得如何回應。但是，她並沒有離開現場，也沒有掀起更高昂的情緒。她就是這樣安靜地喝著美祿。而且爸爸、媽媽和她一同完成喝飲料這件事，我相信在她往後的生命裡，將會是一幕很重要的畫面。」

說到這裡，我哭了。

「以量，你碰觸到了什麼？心裡有畫面嗎？」

「我沒有什麼畫面，只是很有感觸。自懂事以來，我和父母沒有如此安靜而且親密的互動畫面。我的父親不善於言詞，以今天的醫療狀況來說，如果帶他去精神科，我一點也不意外醫師會說他患了憂鬱症。而我的媽媽只會不停地忙碌，持續地焦慮著下個月的收入到底能否繼續養活我們一家人，更不要說什麼一起去旅遊、一起去看戲。我們一家四個人一同坐下用餐的畫面，不曾出現在我的記憶裡，不是我已經忘記，是我根本沒有這個經驗。」

「所以，他們三人可以坐下來喝美祿，意味著和你的故事相較之下，他們的故事有了一個更好的結局？」

「是，有了一個比我更好的結局。」

「為什麼他們要有比你更好的結局？」

「因為這樣會對他們的女兒更好，孩子的生命會更穩定。**能夠從小就與父親和解，後面的成長道路就不會這麼痛苦了。**」

「你確定？」

「嗯，我確定。」

「為什麼？」

「督導，你不知道我長大後，在多少個失眠的深夜裡，不停地問著自己：為何我的爸爸是這樣？為何我和我爸爸的關係這麼薄弱？為何我要做出攻擊？我有很多個不明白。我原諒不了自己，也原諒不了爸爸。」

「那麼現在呢？」

「我能夠做到的是至少不再恨爸爸了，也不再恨小時候那個會攻擊爸爸的以量。」

「嗯。」督導點頭以示肯定。

「對於我和我爸爸的結局，我可以嘗試去理解，那是我們雙方都不想要的結局。可惜的是，當時的我們都沒有任何一方願意向前走一步。」

「所以這位父親願意朝著女兒走上前一步，你怎麼看？都是你的功勞嗎？」督導問。

「我不敢這麼篤定。但肯定的是，我的話語搖晃了他。而且我覺得搖晃最多的是我哭著告訴他：『你的女兒並沒有恨你，只是她有很多的困惑。』」

「所以他主動要求母女倆原諒他，為了什麼？」

「這只是我猜的而已：在死亡面前，有些人會變得更謙卑、更柔軟，我在這個男病人身上看見這份珍貴的特質。即便我才第一次和他對談，但他是如此開放地告訴我他的脆弱，也很開放地聆聽我的脆弱。所以他在昨晚**鼓起勇氣，為了想要與家人和解，也想要與自己和解。**」

「我也這麼覺得。這是很難得的。」

「嗯。我也覺得這位爸爸能放下身段，這對他自己及對他的家庭而言，都是很難能可貴的。」

「他所做到的，並不是所有男性都可以做到的。接下來，你想要怎麼做？」

「我想，可能過一、兩週吧，我再去他們家一趟。我不那麼急了，因為我覺得爸爸主動請求家人們原諒他，或許改變已經在他們家裡開始了。」

「我同意。就這樣辦吧。」

最後，督導詢問：「今晚還會失眠嗎？」

「不會。」

「為什麼這麼篤定？」

「今晚我會去喝兩杯，慶祝一下。」

我和督導都笑了。美好的事本來就應該喝兩杯的，呵呵。

● 給成年子女：

在你的生命裡，你的父親是否有做或沒有做一些重大的事件，影響了你往後的生命？

（待續）

那晚，我看見爸爸哭了

請不要強迫孩子說出「爸爸，我愛你」或「爸爸，我原諒你」。
不要道德綁架在親情中受傷的孩子。

【前情提要】身為助人者的馮以量，當面對同樣在親情裡受傷的孩子，他期盼這個家庭擁有比他和爸爸的疏離、他對爸爸的矛盾，更好的結局。因為若孩子能夠從小就與父親和解，後面的成長道路就不會那麼痛苦了。當年，爸爸與十三歲的他，沒有任何一方願意向前走一步；而如今，眼前這對原本關係僵持的父女，彼此的腳步鬆動了。

當一位父親祈求自己的孩子原諒他的過錯時，我們不能要求孩子務必要原諒其父親，正如當父親要求孩子在他癌末時，一定要照顧他，我們不能強迫孩子一定要照顧父親。

我們在這裡所說的概念是：請允許每一位孩子有自己應對其困難的步伐。給他一個足夠被信任的空間，讓他自己選擇下一步該如何走。只要他不傷害自己及他人，讓他想出一個如何應付眼前的辦法。請相信他們。

我們不能強加自己認為美好的價值觀框在孩子的身上。我們要盡量避免說：「不管怎樣，他都是你的父親。」或者「不管怎樣，你都要做一個孝順父親的孩子。」

這不但讓孩子失去了自主權，也讓孩子被完美的道德價值框著，喘不過氣。本以為關係和解是唯一出路。然而，**或許放下對錯，先不要說和解，我們才可以找到讓孩子與父親有真正的親密的可能性。**一旦有了親密，早就超越了和解。

這是我和督導完成對談後，在個案紀錄末尾所添加的一番話。我要提醒自己，**不要道德綁架任何在親情中受傷的孩子。**我要永遠記住這一點。

允許每個孩子有自己應對困難的步伐

隔了兩週，我出現在他們家大門口。出來迎接的不是父親，而是十三歲的女孩。見到我，她表現得並不陌生，對我說了一句：「Uncle。」不用我介紹自己，她知道我是誰。

而這一次，我完全未感覺到她有任何敵意或憤怒。

我詢問她：「媽媽呢？」

「媽媽出去了。」

「爸爸呢？」

「在臥房。」

走入她父親的臥房，這位爸爸在前幾天已臥床不起。雖體力明顯衰退，但他依然歡迎我的到訪。戴著氧氣罩的他微笑著示意我坐到床邊，接著指指自己的喉嚨——我明白的，他是想表示最近自己說話困難，但意識是清醒的。

「Uncle。」女孩從身後喚一聲，將手上的一杯溫水拿給我。

我如她父母一樣稱呼她的洋名，把杯子接了下來：「謝謝你。」

爸爸示意她也一起坐下，她很聽話，並沒有反抗。如果母親沒告訴我，單從眼前的女兒整個磁場所感受到的，我無從得知兩週前的她是個拒絕照顧爸爸的女孩。

爸爸用很沙啞的聲音緩慢地告訴我：「這兩個禮拜，我們父女沒有吵架。我沒有罵她，她也沒有罵我。」

爸爸的笑容顯示他很滿意自己和女兒最近的表現。彷彿他們父女成功地高分通過考試，等著我這位考官來稱讚。

女兒低著頭，面無表情，可能是覺得爸爸這樣告訴助人者真是丟臉極了。

我微笑著對爸爸說：「真厲害哦！其實我都知道了，你的太太都有和我分享，她每隔兩到三天就會和我報告一下你的情況。她很擔心你。」

「不用擔心。人，最後還是會死的。」爸爸如此說。

我看著女兒──她的頭更低了，彷彿爸爸即將面臨的死亡所帶來的壓力顯得更為沉重。

霎時間，我接不上話，回以一個很尷尬的笑容。

他雖然很累，但還是很想和我對談。他主動岔開死亡的話題，繼續說：「這幾天叫女兒拿我們以前拍的照片給我看，才發現自己在照片裡頭都不笑的。我問自己，為什麼我都不笑？我也不明白。」

「或許每位父親都想要看起來嚴肅一些，好讓孩子敬畏他？」我如此回應。接著，主動詢問女兒：「你爸爸以前都很嚴肅嗎？」

女兒點頭，之後就選擇沉默不語。她沒有打算和我多說，但也未打算離開，全程安靜地陪著我和父親。

給孩子足夠大的空間，安放傷心

兩個大人寒暄一番，接著爸爸吩咐女兒：「去拿照片給以量叔叔看看。」我們花了大約半個多小時欣賞照片。我請女兒介紹哪張照片是在哪裡拍攝的，而爸爸就安靜地躺在床上，負責點頭及微笑。

父女倆邀請我參與及見證他們過去的時光，有些是生活照、有些是旅遊照，對我而言，無比珍貴。

「真的耶，你沒有一張照片是像現在這樣微笑的。」我調侃這位父親。

「他以前很凶的。」女兒主動告訴我。

「真的嗎？」

「是的，他以前很凶的。」

「那麼你一定喜歡媽媽多過爸爸了。」我知道自己又問了一個很蠢的問題。

「嗯。」

「那現在呢？」

「沒有這樣討厭了。」

「你是怎麼辦到的？」

「因為那個晚上，我看見他哭了。」

「你的意思是說，你不曾看見爸爸哭？」

「嗯。」聽她的回覆當下，我看著爸爸的反應，他含淚微笑著。

「當你看見爸爸哭的時候，你心裡感到很傷心，是嗎？」

「嗯。」

「你的意思是這麼嚴肅的爸爸，居然會哭，是嗎？」

「嗯。」

「你願不願意多說一些？」

「我沒有什麼想要說的。」

我不勉強。

就像我之前在個案紀錄中提醒自己的：「**請不要強迫任何一個受傷的孩子說出：『爸爸，我愛你。』或者『爸爸，我原諒你。』不要勉強孩子說出她不願意說的話語。對於孩子心底的掙扎，我們需要給予允許，也要給予空間。**」馮以量自己都用了三十多年才能消化內心對父親的憎恨，我們對眼前這個女孩不能急，也不能要她立刻就原諒爸爸。如今，她能坐在爸爸的病床旁邊，聽著我和爸爸聊天，然後從旁加上一些解說，就已經是很大的突破了。

所以我說：「沒有關係。其實你已經說很多了，我很謝謝你。」我給女孩一個打從心底升起的微笑，她又繼續低著頭。

爸爸望著我微笑，我也給予他微笑。心裡想：要是每一個大人都能夠給受傷的孩子如此足夠大的空間及允許，那是一件多麼美好的事啊！

最後，我對兩位說：「我是時候離開嘍。謝謝你們，謝謝。我很歡喜我們三個人可以在同一個空間相遇。謝謝你們。」

他們父女倆其實並不明白我話中有話，我也沒有企圖要他們聽得明白。

對我而言，父女一同看著照片說往事；父親哭著對女兒懺悔；女兒在父親臨終前，重拾照顧者的任務……這所有的經歷，都不曾在我和我父親的生命裡出現。長大後，都變成了我遙不可及的渴望。

我也清楚地知道自己的存在並沒有幫助他們多少，但是我有幸見證及參與了他們父女倆的生命經歷。相信女兒長大後，也會記住父親留給她的這幾幅美麗的生命畫面。

記得我們一起微笑過

離別之際，爸爸主動要求說：「阿暈，幫我一個忙，我想要和我的女兒拍一張我會笑的照片。」

我聽了，不停地點頭說：「好，好，好。」

我拿著我的傻瓜相機，對他們說：「Say cheese!」看著他們說「cheese」時，嘴角自然地上揚。

眼淚早就模糊了我的視線，但我終究還是成功地把他們父女倆的笑容拍下來，成為永恆的回憶。

● 給成年子女：

在你的記憶中，爸爸在你小時候扮演的是什麼角色？他有什麼舉動或功能，讓你現在想起來還是覺得很珍貴的？

3 爸爸是爸爸，媽媽是媽媽，孩子才能成為孩子

我怕忘記爸爸的遺言

死亡終結的是父親的生命，並未終結孩子與父親的關係。

有一位媽媽打電話給我，想要為她的兒子安排進行輔導。

她對我說：「我沒有問題，我最大的問題是我兒子不快樂。」

「發生了什麼事，讓你的兒子不快樂？」

「他爸爸去世之後，他就不曾開懷大笑過。」

「爸爸去世那年，他幾歲？」

「六歲。」

「今年他幾歲？」

「十歲。」

「你是說這四年以來，他都沒有笑過？」

「笑還是會有的。但是，他很少大聲笑了。」

電話裡，這位媽媽繼續告訴我：她的兒子喜歡獨來獨往，在學校沒有朋友，老師說他都是自己一個人在餐廳用餐，體育課時，也選擇坐在角落。但是這個孩子很有責任感，只要老師吩咐他執行的任務，他一定盡心盡力，替老師完成。

透過電話，我答應說：「好，我來看看這個孩子到底發生了什麼事。」

小小身軀裡，住著沉默的老靈魂

那一天的下午三點，媽媽帶兒子來到輔導室。她特地請了半天假，而兒子剛放學。十歲的男孩不多話，看不出有什麼憂愁，也沒有不耐煩。只要你肯發問，他就願意回答所有的問題。但是，他不會多說幾句話，也不主動地延伸對談。他對我不好奇，對輔導室裡的一切都不好奇。而媽媽要他來這裡，他也不過問原因。

他給我的感覺，就是年紀輕輕的身軀裡頭住著一個沉默寡言的老靈魂，彷彿早就對人生看透了。沒有好奇心，也沒有反抗。

我們半小時就結束了對談，因為也不多話。其實要和他談半個小時，真的很不容易。我也不敢追問有關他爸爸去世的所有事情，畢竟這是我們第一次見面。

結束對談後，我問他：「你還願意來嗎？」

他點頭回答：「媽媽希望我來，我就來。」

我請孩子坐在輔導室外，輪到我請媽媽進來輔導室，和我聊一聊。

媽媽第一句話就問我：「怎樣？我的孩子是不是有憂鬱症？」

我說：「你也知道輔導工作是無法為任何人診斷憂鬱症的。如果你想要知道兒子是否有憂鬱症，我可以推薦你去找精神科醫師診斷哦。」

她繼續問：「那你覺得他是不是不正常啊？」

「不能這樣說。以目前來看，我只能說，你的兒子對好多事情都不好奇，對我這個人也不多加詢問。他沒有要知道的事情。給我的感覺是媽媽叫他來，他就來。他是一個很聽你的話的兒子。」

媽媽說：「是的，他很聽話。但是對於他的『聽話』，我現在很擔心。」

她流下眼淚。

我邀請媽媽告訴我：「你可以讓我知道，他是從什麼時候開始如此聽話的嗎？」她用很自責的口吻對我說：「都是我的錯。」

「這裡頭發生了什麼，你願意告訴我嗎？」我問。

一個孩子會無緣無故地把一切的喜怒哀樂都弄丟了，只剩下「聽話」而已——是不是這孩子背負了大人所加的，莫須有的責任或祕密？

孩子的生命中，只剩下「聽媽媽的話」

媽媽一五一十地告訴我，孩子的爸爸當初患了急性肝癌，診斷前後不到三個月便去世了。那一年，男孩六歲。爸爸臨走前，對兒子說：「以後你要聽媽媽的話。爸爸沒有用，我把媽媽交給你了。兒子，我靠你了。兒子，媽媽靠你了。」

媽媽把丈夫留給兒子的這段遺言錄了下來，請電腦技術人員將音檔轉成可以循環重播的錄音檔案，還配上背景音樂。自己主動重複地聽，每當想念丈夫時，就會打開來聽。

丈夫去世的第一年，幾乎每天早上醒來，她都要兒子和她一起聽一遍爸爸曾經說的這番話，對著爸爸的照片說聲早安。晚上入睡前，她和孩子一同再聽一遍爸爸說的這番話，然後對著爸爸的照片道晚安。

這幾年，只要兒子一鬧脾氣，媽媽就把這個音檔播放給他聽。兒子好幾次投降，懇求媽媽不要再播放此音檔了，她哭著對兒子說：「我的老公、你的爸爸死了，如果連你也不愛我，我就什麼都沒有了。」

聽到這裡，我終於明白為何孩子的生命只剩下「聽媽媽的話」而已。

爸爸的遺憾、媽媽的焦慮，重重壓下

爸爸的遺憾、加上媽媽的焦慮，讓兒子不得不用麻木來應對；而他也因長期的麻木，失去了生命力。

爸爸留下的遺言無非是希望告訴男孩，自己這輩子未完成的事情交給兒子接棒了。照顧好妻子是丈夫的責任，這是爸爸無法完成的遺憾——他把這份重大的責任交給了兒子。畢竟不交給兒子，他還可以託付給誰呢？因此，這份「爸爸對自己去世而無法照顧妻子的遺憾及內疚」，兒子沒有選擇的餘地，被迫接下了。

我們都知道丈夫去世的女性，壓力是很大的。要成為單親媽媽把孩子養大，責任何其沉重。蠟燭兩頭燒：在丈夫去世後，自己是媽媽、也是爸爸，家裡所有的重擔就只剩下自己去面對；加上又擔心別人閒言閒語，說自己不稱職、做不好母親的責任——所以散發出來的焦慮比任何人都來得大。而焦慮，會讓人放大內心對未來還未發生之事的恐懼。愈恐懼就愈焦慮，愈焦慮就愈恐懼。

面對爸爸那每日播放的遺憾，加上面對媽媽那每日散發的焦慮，如此厚重的兩大能量，導致兒子**不得不把感受的部分統統切斷。唯有冷漠、不反抗，才得以面對生活。**沒有了傷心，也沒有快樂了。

要一個十歲的小男孩，這麼小就得親身體驗那些大人無法逆轉命運的經驗，我覺得太苦了，也替他們一家三口感到難過。

大人要照顧小孩，而不是小孩要照顧大人

我將以上所述的內容告訴眼前的這位母親。不知道她聽懂了多少，只看見她不停地流下哀傷

的眼淚。在焦慮及恐懼底下，那是失去了丈夫，好深的悲傷。

我問她：「你還有播放丈夫的音檔給你兒子聽嗎？」

她回答：「沒有了，但是他會主動要求聽。」

「為什麼？」

「他說如果很久沒有聽，會擔心自己忘掉爸爸的話。」

聽到這裡，輪到我很感慨地對她說：「你的兒子不只聽媽媽的話，也更聽爸爸的話。他很聽話。你們的話，他都聽。但也就是因為太聽你們的話，他負荷不了，受傷了。**他用『麻木』的方式來包裹自己的傷**，不讓你知道。我很替他難過。」

「那我可以怎麼做？」媽媽問。

「要讓一個孩子成為孩子，爸爸必須成為爸爸，媽媽必須成為媽媽。」

爸爸需要把自己的投射收回去，媽媽也需要把自己的投射收回去，孩子才有辦法做孩子。

她聽不懂，我再多說：「爸爸把自己無法完成的責任強加於兒子；媽媽的焦慮，進一步強化了爸爸投射出來的責任。可惜，爸爸已去世，我們沒有辦法請爸爸把他的話語收回去，但是媽媽的焦慮還來得及將之淡化。」

我繼續說：「**失去父親的孩子，是更需要被我們照顧的，而不是反過來要孩子照顧大人的需求。**」

我們時常會聽見大人們在葬禮上對著孩子說：「以後你要聽話。爸爸走了，你要照顧媽媽，你要成熟起來，聽媽媽的話，照顧媽媽。」

不管是父親的遺言或旁人的叮嚀，到最後，都讓一個本來可以快樂的男孩變得對什麼事都不再掙扎，只剩下「聽話」。

看似我是為孩子提供輔導服務，其實到最後真正做的是協助媽媽看懂這件事。

我對她說：「孩子已經沒有了爸爸，卻又得代替爸爸，扮演媽媽的『小丈夫』這個角色。即便你的丈夫很想要有這樣的安排，但硬要十歲的孩子去承擔連大部分成年男性也未必扮演得好的角色，我相信你也不忍心吧？」

媽媽明白我的用意，點頭道謝。

…

走出輔導室，兒子安靜地坐在沙發上等候我們。

我走到孩子的面前，蹲下來，摸摸他的頭。「謝謝你耐心地等我們。下一次，你還會回來嗎？」

他聳聳肩，看了一下媽媽，期待媽媽發牌。

媽媽衝過去，很激動地抱著兒子。「我們不來了！我們不來了！」

我明白媽媽這個擁抱行為的用意。她很清楚孩子根本就沒有問題。只要她本身肯放下當初丈夫給兒子的遺言，只要她有其他管道接住她所散發的焦慮，孩子就得以快樂了。

大人本應要照顧小孩，而不是小孩要照顧大人。

媽媽的焦慮，兒子無須承擔。媽媽要學習如何與自己的焦慮共處。

爸爸是爸爸，媽媽是媽媽，孩子才能成為孩子

爸爸帶進棺木的遺憾，也不是年幼的兒子有能力去承擔的。

要是爸爸知道當初他的遺言會讓孩子無法快樂起來，我相信他會立即把這番話收回去。

這個男人，他是丈夫、也是爸爸——這兩大角色因他的離去而空缺了，沒有任何人可以取代。

所有已經去世的爸爸，我們都不能把他們歸類於失功能的父親，因為他也不想的。當他去世

了，年幼的小孩從小就沒有了爸爸。爸爸去世後，孩子要從哪裡吸取「父能量」呢？

媽媽必須要有足夠的認知：母親無法取代父親，給孩子們男性所展現的能量；就像做父親的在某些層次上，也無法取代母親。

媽媽需要讓孩子知道，**死亡終結的是爸爸的生命，但是並沒有終結孩子與爸爸的關係。**孩子永遠都是爸爸的小孩，爸爸也永遠都是孩子的爸爸，這是不會改變的。

沒有任何人可以代替這位父親。所以請媽媽們不要忌諱在孩子面前提及父親這個男人。

同步地，我建議從外公、祖父、舅舅、伯伯、叔叔、男性導師的陪伴開始做起，**讓孩子們身邊有一些男性長輩所建立的穩定關係。**這樣子做，就足夠好了。

眼前這位太太及她的兒子，都需要面對失去丈夫／爸爸的哀傷。而不是妻子須扮演兒子的「爸爸」，兒子須扮演母親的「小丈夫」，以如此不合理的期待要求雙方。

讓他們一家三口都回到最初的原位：爸爸是爸爸，媽媽是媽媽，孩子才可以成為孩子。往後的日子，母子倆可以持續相伴，帶著爸爸曾付出過的愛，繼續往前走。

我站在輔導室門口，目送媽媽牽著孩子的手，逐漸消失在我的視線裡。

路很長，相信前方還有很多挑戰及阻礙，要讓一個單親家庭安穩地繼續成長，實在不容易。願他們母子倆的生活裡，能有多一些歲月靜好。

給父母親：

你有哪些無法完成的任務投射給孩子，需要孩子代替你去完成？（譬如：你小時候沒有機會學彈鋼琴，而要女兒學彈鋼琴。又譬如：你常出差，沒辦法照顧太太，而希望兒子代替你多關心他的母親等。）你有覺察到這些投射是如何影響你的孩子嗎？你是否願意把不合理的投射一一收回來，學習自我負責？

4
大部分拯救母親破碎婚姻的小女孩，長大後，都需要另一個男人拯救

只有我願意留在媽媽身邊

父親缺席了，她始終只有母親的身教。

他們是一對剛認識六個月的情侶，濃情蜜意，如膠似漆。他和她人生中第一次一同出外旅行，他就帶她回家鄉去見父母。看來他是認真對待這段親密關係的。

這不是她第一次談戀愛，但是已經三十八歲的她，總擔心被詢問以前的愛情故事。她不想讓太多人知道自己的感情世界。所以在男友的父母面前，盡量話少、配合大家的需求，扮演一個討人喜歡的女朋友，這就是她最安全的求生存方式。

一點也不意外，男友的父母都很喜歡她，說她討喜、乖巧，面面俱圓。

男友的父親說：「我兒子喜歡，我就喜歡。」

男友的母親也說：「我當你是我的女兒看待。不要見外，就把這裡當成你的家。」

雖然是這麼說，但她還是要求男友安排兩人住在飯店，而非住進老家。和男友的家人保持遠一點的距離，會比較安全，也比較舒服。況且，她也很想有多一點與男友兩人的親密空間。

這趟旅行，算是很順利的。直到要回家的前一晚，吃著晚餐時，男友的母親跟兒子討論一件很嚴肅的事：「你們以後要是結婚、生孩子，我已經老了，沒有辦法再為你們照顧小孩了。哥哥、姊姊的孩子，我還算有體力去照顧。你的小孩，我沒有辦法再照顧了。」

她萬萬沒有想到，身為老么的男友對母親說：「不了。我也沒有要生小孩。」

聽見這句話，她愣住了——不生小孩？你沒有和我討論，就私自做決定?!

一整晚的飯局，她都處在心情很鬱悶的狀況。但是為了求生存，她依然繼續扮演那個乖巧、柔順的女朋友角色。

推開愛，只為了證明愛

一回到飯店，她賭氣，不說話。男友意識到情況不妙，主動詢問之下，才知道自己又說錯話了。

這六個月以來，他發現自己因為頻頻說錯話，而讓女友的心情起伏不定。這一次以為隨便說句好話來順應母親的心意，沒想到卻得罪了身邊的女友。

她在飯店大喊大叫，哭了一整夜。失眠，強迫自己不睡覺，獨自一人在深夜裡看電視劇，不停地哭。形容給我聽的時候，她是說：「我在哭泣的時候，已經累到沒有聲音及眼淚了。」

她坦言自己甚至威脅男友說：「我發現你一點都不愛我。我想我還是離開你比較好。我離開你，好讓你可以去找一個不要孩子的女人做你的老婆。這就是給你最好的祝福！」

她急急忙忙地收拾好行李，就提著行李箱踏出房門，卻又在門外停留片刻，渴望男友會跑出來挽留她，求她回去房內。

她爆發憤怒的情緒看似很有理由，而且也真的覺得男友沒那麼愛她。畢竟他常喜歡自作主張，都不和她商量——這輩子她最討厭的就是大男人擅自作主的態度。

男友因愛著她，所以順著她、陪著她，讓她發洩情緒到隔天早上。

這場災難在離開機場飛回家之前，總算是擺平了。關係穩定下來，但是兩個人的身心早已疲憊不堪。

習得母親「受害者」的生存模式

輔導室裡，我聽著她訴說這趟旅程的心情起伏。

「是什麼原因導致你在飯店裡，無法控制自己的情緒？」我問。

她說：「因為我聽了他對母親說的那句話，就渾身不舒服。」

「所以……」

「所以我一定要讓他知道我很不舒服。」

「所以你試著用各種方式來告訴他，你心裡對他很不滿，你很不舒服。」

「嗯。」

我繼續問她：「你大喊大叫，哭了一整個晚上——你怎麼看這樣的自己？」

「我不管。我就是要讓他知道他說錯話的後果。」

「我發現你都是**用『受害者』的狀態強迫你的男友道歉，而且用很激烈地說要離開的方式來威脅他，挑戰他對你的愛。這些行為背後，其實你像誰啊？**」

「媽媽。」

「媽媽對爸爸也是這樣嗎？」

「沒有。爸爸在我很小的時候，就離開我們了。」

「是爸爸拋棄你們母女？」

「算是拋棄。他沒有再和媽媽聯繫了，媽媽也不要找回他。他們沒有結婚，所以也不算離婚。但是我長大後，一直都有和爸爸聯絡。」

接著，我再問下去——

「你說你像媽媽。那麼請問，**媽媽當初用這種方式來對待誰？**」

「我。」

「為什麼？」

「因為就只有我願意留在媽媽身邊。」

我不需要爸爸

她說自己是電視劇裡所謂的野種。即便在現實生活中，沒有人這麼稱呼自己，可是每一次看到電視劇中，有大人罵小孩是「野種」時，心裡就很不是滋味。

從小聽媽媽說她是被臭男人欺騙及隱瞞的，不知道那個臭男人另有家室。所以到最後把女兒（女個案）生下來之後，臭男人拋棄她，女兒成了她的累贅。媽媽不承認那個男人是她的老公，一直以臭男人來稱呼。

一個沒有名分的太太生了一個沒有名分的女兒，她們母女倆從此相依為命。

回憶起往事，女兒能夠掌控的事，少之又少。放學後若晚點回家，媽媽就會誣賴她是不是和其他男同學鬼混，還會因此心情不好，大喊大叫。若是過於專注溫習功課而遲些回應媽媽，或者忘記做家事，媽媽都會對著她咆哮。

要是她敢反駁媽媽，媽媽甚至可以誇張到把自己反鎖在臥房內，說自己要上吊，選擇自殺是因為有一個不孝女，自己死掉就算了。

留下七歲的她一個人在門外驚慌地不停拍打房門，哭求媽媽不要這樣做。

從小到大持續經歷著被母親威脅、咆哮，並且情緒勒索的生活。試問有哪一個小孩可以承受得了？

可悲的是，她沒有其他的身教。因為在教養中，她的父親不曾參與。

爸爸有另外一個家，有太太，也有幾個孩子。媽媽時常說自己是全世界最可憐的人：「那個臭男人不要我們。那個臭男人不認你做女兒。」

長年累月的催眠之下，她對爸爸有著說不出的憤怒。她不要這樣的男人做她的父親，也不認他為自己的父親。

她以為沒事。沒有爸爸，她照樣可以和母親生活。

然而，她低估了缺席的父親的影響。

這也是為何當她男友擅自作主隨口說了一些不合她意的話，她就大發雷霆。內心深處，她守護多年的信念被挑戰了。她討厭男性沒有和女性商量好就自作主張，她厭惡男性沒有認真把女性給照顧好。就像爸爸遺棄她們母女倆一樣，導致媽媽長期焦慮且脾氣暴躁，而受盡委屈的就是作為獨生女的她。這裡頭，她有太多說不出對父母這段沒有名分的兩性關係所帶來的怨與恨。

是什麼原因，讓你變成當初那個讓你很辛苦的人？

「我可以不需要爸爸。」在輔導室裡，她對著我說。

然而，缺席的父親卻讓她自始至終只有母親的身教。

如今她成了那個當初最可憐的女人的模樣。和媽媽相依為命這麼多年，**她把媽媽求生存的方式全部學了起來。**

只要任何一個人讓她感到不滿，她就像媽媽當初如何對待她那樣，來對待他人。

她也坦言：「其實不是所有人都會看見這一面的我。我發現只要和男朋友進入穩定的親密關係，我就會把這一面的自己給釋放出來。**愈親密、而且愈穩定的關係，我就會愈有殺傷力。**」

爸爸長年累月的缺席，她在毫無選擇之下，只能模仿母親和她互動的模式。她學會了扮演受害者，學會使用尖酸刻薄的言語來和他人溝通，學會把自己喜愛的人推開，這些行為底下無非就是想要討取別人給她更多的關注及愛護。

我詢問：「讓我們回頭去看當天在飯店裡的你——為何你要用推開對方、喊著要離開對方的方式，來折磨他？你想達到什麼目的？」

她認真地回答我：「我是想用這些很苛刻的字眼，來試探他是否真心愛著我。」

「如果他真心愛著你，他就會……」

「如果他真心愛著我，不管怎樣，他都會順著我。」

「嗯。就像你以前一樣，你真心愛著你的母親，不管怎樣，你都會順著她。」

「是的。」

「你真的好愛好愛你的母親哦。」

「很苦的，你知道嗎？以量。」

她哭了。

「那裡頭的愛會傷害自己，是嗎？」

「我從小就要接著自己的痛苦、孤單，每天還要看媽媽的臉色來做人，很辛苦的。」

「對啊。要面對這樣狀態的一個人，是很辛苦的。小時候的你面對母親很辛苦。你的男友面對現在的你，也是很辛苦。**是什麼原因，讓你變成了當初那個讓你很辛苦的女人呢？**」

她看著我，沒有辦法回應我的問題。但是從她不停流著眼淚的氛圍，我知道她是很難過的，對自己、對媽媽及男友都很難過。

「我可以再多說嗎？」我詢問。

「可以。」她說。

「你有沒有發現，你有一個自己是『口是心非』的？你做一套，心裡卻想著另一套：當你威脅男友說要離開，其實心裡是希望他能留住你；聽到他求你留下，你才感到有安全感。**你的愛裡頭，有大量的不安全感**。就像你母親一樣，當初她用盡言語暴力來掌控你，如今你用盡言語暴力來掌控男友。你無非渴望的是愛與安全感。」

「是的，我很需要安全感。」

「嗯。你看到了嗎？**你有看到『過去的你和媽媽的關係』及『現在的你和男友的關係』重疊了嗎？長大後的你，變成了你的媽媽**，你的男友要承受所有的言語暴力。」

她問：「那麼，我可以怎麼辦？」

「去找你的爸爸。」

她說：「啊——？」

她萬萬沒有想到，我居然給出這種答案。

（待續）

給成年子女：

當你在親密關係裡的需求不被滿足的時候，你是如何對待你的親密伴侶？而你的父母又用什麼方式去對待另一半？

如果你看見自己在複製父親對待母親，或母親對待父親的應對模式，你可以做出哪些和他們不一樣的改變嗎？

我用自己的角度，看「父親」這個男人

學習為自己設下界線，並給對方足夠的空間。

【前情提要】父親在她的生命中缺席了，從小，她只有母親的身教。她總聽母親說：「那個臭男人不要我們，不認你做女兒。」持續承受著母親的情緒勒索，學會「受害者」的生存模式。長大後，她用推開男友來證明自己被愛，因為「如果你愛我，不管怎樣都會順著我」，就像母親待她。而對於這位受困的女性，馮以量建議她：「去找你的爸爸。」……

當一個女孩誕生，她手上擁有兩條很重要的關係線，那就是：**「她和爸爸的父女關係」**，還有**「她和媽媽的母女關係」——這兩條親子關係線，決定了她這輩子如何看待男性及女性。**

請允許我說得再清楚一些，女孩是透過與母親的互動，去模仿及決定自己未來要成為一名怎樣的女性。在這段母女關係中，學習如何和同性親密；透過母親去瞭解女性在面對壓力時，需要如何應對等。

如果這一輩子，女孩只透過母親的視野去學習人生，那麼她就少了一個管道去認識這世界。她並沒有透過爸爸的視野去學習如何看待關係、生命及世界。所以女孩需要透過與父親的互動，去認識異性的世界。在這段父女關係中，學習如何和異性親密；透過父親去瞭解男性在面對壓力時，是如何應對生活等等。

然而，女孩**還有一段關係是更為重要的，便是她手上沒有的關係線，那就是：「她父母之間的婚姻關係線」**——父母這一條夫妻關係線長得如何，也會直接影響她如何看待自己及親密關係。這條關係線會決定她長大後如何經營兩性親密關係，以及學習如何在親密關係中，取得愛與自由之間的平衡等等。

如果你認同這樣的說法，就明白為何我常強調父親的身教及母親的身教是同等地重要，而且誰也無法替代誰的位置、功能及責任。

像我這位女個案，雖然她已經長大成為一名女性，看似父親的身教早已不重要，但事實並非如此——或許父親的視野可以彌補母親無法給予的角度，畢竟沒有一個孩子是不需要「父能量」的。

然而，她要去那裡吸取「父能量」？她能在她男朋友身上吸取「父能量」嗎？她要如何理解她的男朋友的內心世界？每當她和男朋友溝通有狀況時，她要如何接住自己內心這麼大量的怨與恨？

小心處理，不讓案主二度受傷

我不隨便鼓勵任何一個案主去找回那個失聯已久的父親，因為如果處理得不妥當，會導致案主受到二度傷害。

試想，如果一個充滿憤怒的父親知道自己的女兒被媽媽影響到如此田地，他會在女兒面前，數落媽媽的不是，甚至會惱羞成怒。父親這樣的反應，將讓成年女兒更加難過，關係既得不到制衡，也得不到和解，反而更弄巧成拙。

我之所以如此篤定地請眼前的女案主去找父親，因為我們兩人的輔導已經持續了兩年多，從她口中，我略知她爸爸不時會主動透過通訊軟體聯絡女兒，確保她無恙，是個會獻上關心去問候女兒的父親。雖然女兒覺得爸爸的關懷不重要，那是因為她依然對於爸爸當年的事情在生氣。所以當她看見了自己在複製母親的應對模式時，詢問我：「那我該怎麼辦？」

我才建議她：「去找你的爸爸。」接著繼續說：「去找你爸爸談論你和男友之間的議題，邀請你的父親成為你的智囊團，讓你能夠在親密關係裡，學習如何處理衝突，學習如何經營兩性關係等。我相信你父親有足夠的生命厚度來接下你所提出的種種問題。」

她萬萬沒有想到我居然給出這樣的解決方案。

我詢問：「你覺得有道理嗎？」

她笑著點點頭，並說：「可以。我試一試。」

「你不是時常說你不懂得如何愛自己，對嗎？」我問。

她點頭。

「記得你曾經說過，你不懂得如何照顧那個受傷的自己。坦白講，這真的不能怪你，因為媽媽從小就無法愛你，她也愛不了自己。但是還有一個人可以教你如何愛自己——」

「我爸爸。」

「答對了！讓你的爸爸來愛你，試試看體驗父愛。我們再來看看這份體驗，會不會影響你和男友的親密關係。」

我不想再成為受害者

隔了一個月，我和她坐在輔導室內，開始我們的對談。

她笑著跟我說：「我做了兩件很厲害的事。」

第一件厲害的事：她主動去找爸爸。透過通訊軟體告訴爸爸，她談戀愛了。爸爸的回應讓她感到很暖心，他不像媽媽冷漠地不聞不問。案主坦言媽媽會擔心男友傷害她。對於她的每一段戀情，媽媽都不看好。當她的每段戀情告終時，媽媽會說：「你看，還是我最關心你。」

反之，爸爸會聽她說有關她和男友的一切，每天都適當地問一些相關問題，表示關心。持續兩週通訊息，她鼓起勇氣，把藏在心裡三十多年的疑問攤開來：「爸，當初你和媽媽談戀愛的時候，媽媽是否知道你已經有家室？」

爸爸當天沒有給予立即性的回覆。這讓她很不安，因為她不知道爸爸的答案是什麼。

說到這裡，我稍微打岔：「為何這個問題，放在此時此刻變得如此重要？」再追問：「為何你要從爸爸的口中知道答案？」

她說：「我不想再成為一個受害者。我被媽媽影響很深，所有我認識爸爸的事情，都是媽媽說的。我在想會不會有一種可能，其實我媽媽為了得到我，而去抹黑爸爸？媽媽會不會是為了要占有我、掌控我，所以她不停地扮演很可憐的受害者，而把我爸爸說成是很殘忍的加害者，騙我成為拯救者。」

「你講得真好。」她想要進一步探討真相，我給予肯定與支持，但我並沒有想要醜化她的母親，我繼續說：「你要知道，**大部分拯救母親破碎婚姻的小女孩，長大後都需要另外一個男人來拯救她的生命。**你看見了嗎？」

她接口說：「但是我卻用推開且發洩的方式，來傷害那個想要拯救我的男人。」

「你看得真清楚。能有這樣的看見，你自己覺得怎麼樣？」

「唯有直接得到爸爸所給的答案，我才知道媽媽說的是不是事實。」

後來爸爸過了好幾個小時，回覆了她的問題。在訊息中，他輕描淡寫地回答：「其實當初我和你媽媽交往的時候，你媽媽是知道我有太太的。」當她想要再多追問一些，比如爸爸和媽媽當初為何會走在一起、關係為何到最後變為惡劣，爸爸都止步了。他不願多說，也不願多談，只是再寫了一句話：「我希望不管我給出什麼答案，都不應該改變你如何看你的母親把你養大這件事。」

她很感動地對我說：「我的爸爸真有智慧。」

我聽到這，也沒有要美化她的父親，我比較關心的是她此時此刻的狀態，我詢問：「聽了這個答案之後，你覺得怎麼樣？」

「當一個事實擺在你眼前，你再也逃不了的時候，唯有接受這是一個事實。這種感覺好奇怪。原來這麼多年來，媽媽都是在隱瞞我、欺騙我，用受害者的姿態來博取我對她的可憐及同情。我不氣她，也不恨她。我反而可憐她，還有同情她。同時我倒是有些釋懷，原來我爸爸不是媽媽所描述的壞人。對於爸爸，我可以擁有自己的角度去看這個男人了。」

她繼續說：「爸爸其實也有他溫柔的一面。他教我要多給男友一點耐心。爸爸的穩定，還有他的叮嚀，讓我覺得我不想再用媽媽的方式來虐待自己心愛的男友了。」

我笑著說：「你今天好像突然變成了另一個人，我有點適應不良。」

我們都笑了。

寫到這裡，我在想，或許爸爸說的過去其實也不是絕對的真相。因為過去的事情本來就是公說公有理，婆說婆有理，誰也沒有辦法讓真相還原。然而，我覺得她這一次重新連結父親、認識父親，這舉動對她來說是件人生很勇敢的大事。在這個生命階段裡重新獲取父親的關注及關心，是一件很幸福的事。這是她丟棄已久、而被她重新撿起的「父能量」，實屬她生命重要的里程碑之一。

我接著問：「你剛才說你做的更厲害的事，是什麼？」

她笑了。

「第二件事，我真的覺得自己很厲害——我鼓起勇氣向男友道歉。

「我告訴他，我知道我的脾氣是自己引起的，有一大部分的情緒和他無關。往後的日子，要是我心情不好，請他要知道這不僅是來自於他。我內心的憤怒是來自多年大量地吸收媽媽對爸爸的憤怒，而我沒有好好地把這些情緒安放好，更不要說消化或者轉化。絕大部分的憤怒及發洩，是來自於我自己破碎的原生家庭。

「我請男友幫我一個忙，如果當我又無法安頓自己的憤怒，請他握住我的雙手，看著我，然後對我說：『我愛你。』」

我回應說：「太棒了。我們可以立刻結束輔導。我已經沒有什麼知識可以再給你了。」

我們都笑開了，今天的輔導室傳出好多笑聲。

讓你現有的親密關係，圓滿你原生家庭的破碎

好幾次下來，她發現只要男友握住她的手，她就安穩許多。

但是有那麼一次，他們倆吵得好凶。男友覺得她無理取鬧，而她又開始用威脅要離開的方式，對他情緒勒索。他狠心地丟出一句話：「你要離開就離開。」

正當她準備要離開男友家時，內心天人交戰，想起我們之前在輔導室的一番對話：

> 你要讓你原生家庭的破碎，來傷害你手中的親密關係？
> 還是讓你現有的親密關係，來圓滿你原生家庭的破碎？

當晚她冷靜下來，選擇不離開。但也給男友足夠的空間，自己睡在客廳的沙發上。隔天早

上，男友知道她睡在客廳，說了一句：「謝謝你沒有離開我。對不起，我昨天太過分了。」經過那個夜晚，他們兩人的關係彷彿穩固許多。她也不再需要以發洩的方式來索取安全感。他們兩人的關係又再前進了一大步。

但她坦言，還是覺得很難管理自己內心的許多情緒。她說：「我從母親身上就是學不懂為自己設下界線，以及給對方足夠的空間。給自己界線、給別人空間，這些都是我要重新學習的事。」是的，適當的父愛，可以制衡及互補母親的欠缺。

她很珍惜目前的這段親密關係，因為對方可以協助她成為一個更好的自己。而我覺得，這是她自己多年來的堅持及努力，讓自己成為一個更好的女性。我打從內心恭喜及祝福她，也祝福她深愛著的那個男人。希望他們倆繼續幸福。

爸爸愛著我

最後，我很多事、也很貪心地多做一項邀請，建議：「你要不要帶男友去拜訪爸爸？」她突然間流下眼淚。

在我詢問之下，她說她和爸爸不能如此靠近，因為她要尊重爸爸也有自己的家庭。她不希望自己的出現會傷害爸爸的家人。

所以這些年來，她只是和爸爸以傳訊息來溝通而已，連打一通電話都不敢，因為怕彼此的對談會被爸爸的家人聽見，更不要說帶著男友去見爸爸。其實她很懷念，而且很想再聽聽爸爸的聲音、看看爸爸的樣子，可是不敢那麼做。

我連忙說抱歉：「我太得意忘形了，我很抱歉。沒想到你是如此細膩地保護著爸爸，以及保護他的家人。我非常尊重你的做法。」

「以量，給我一點時間，等我準備好，也讓我爸爸準備好。終有一天，我會帶我的男友給爸爸看。我也很期待能夠見到他。我有很多年沒聽過他的聲音，也很多年沒有看見他了。」

眼前這位如此認真活著的女性，我內心對她很尊敬。

「謝謝你成為我的個案。真的，謝謝你。」

給成年子女：

你要讓你原生家庭的破碎，來傷害你手中的親密關係？還是讓你現有的親密關係，來圓滿你原生家庭的破碎？

5 你對丈夫的憤怒，有多少是你對爸爸的憤怒？

老公，你不要像我爸爸一樣

身為女兒所體驗到的父女關係，影響了她與兒子的親子關係。

一位媽媽帶著兒子前來聽我的演講。

演講完畢後，她走到台前，詢問我：「老師，我要怎麼教我這個兒子？我希望他能聽話些。」

在當下，我並沒有感受到她兒子是不聽話的。我反而好奇：這孩子為何是光頭？

讓這位媽媽心煩的就是這點——最近學校剛放假，兒子在假期的第一週染了頭髮。

我問：「誰帶他去染頭髮的呢？」

這位媽媽告訴我：「他的父親。」

追問之下，才知道她不願意說是自己的老公，生氣到寧可說是孩子的父親。

顯然地，她內心對這個男人很有意見，有很多的不滿。
「他說只要上學前一天，把孩子的頭髮染回黑色就可以了。真的把我給氣死！」
「那他帶你的兒子去染什麼顏色？」
「金黃色。」（我知道染什麼顏色都會惹怒這位媽媽，純粹是我的好奇心在作祟。）
這位媽媽告訴我，當她看見爸爸帶著金黃色頭髮的兒子回家，她生氣到快要把這父子倆給掐死。
我問：「那你怎麼做？」
「我當天就把兒子的頭髮給剪光。」
「然後呢？」
「他就一整個禮拜都不和我說話了。」媽媽指著孩子說。
「至少他還願意陪你來聽演講。」
「是我逼他來的。」
「至少他也願意被你逼來。」
我轉身對著光頭男孩說一聲：「辛苦你了。謝謝你現在沒有離開，願意站在這裡陪著我和你的媽媽。」

這孩子很無辜。目測大概是八、九歲的他沒想到本來已經得到爸爸的許可，可以染一頭像西方小男孩的金黃色頭髮，到最後換來的居然是媽媽把他的頭髮都給剪光了。但又不敢挑戰媽媽的權威，**沒有足夠的條件叛逆之下，只好以沉默來表達內心的不滿。**

「你的老公呢？」

「我老公什麼？」

「你的老公怎麼看待你把孩子的頭髮給剪光這件事？」

「我老公說我神經病。這幾天，他也不和我說話了。」

孩子想要在假期染頭髮，本來以為是快樂的事，卻導致一家三口都不開心了。夫妻倆處於冷戰狀態。

不管先生怎麼做，都沒辦法讓你滿意？

媽媽又問我一次：「老師，我要怎麼樣讓我的孩子聽我的話？」

我笑著對他說：「除非你可以讓你老公聽你的話。」

「這是一個大問題。」

「老公是你選的，有什麼問題？」
「我的孩子很聽他爸爸的話。他們父子倆的關係好得不得了。」
「那有什麼問題？」
「我不行啊。」
「你不行什麼？」
這位媽媽把自己的老公批評得一文不值。從他不洗衣服、不曬衣服、不煮飯、不洗碗盤到不洗廁所等等，聽起來就是一個不做家事的男人。
聽媽媽這麼說，孩子笑了。
我問孩子：「弟弟，你這個笑，背後有畫面哦。你想說什麼？」
孩子說：「不是爸爸不要做——」
媽媽就搶著說：「他的爸爸也是這樣講，說他不是不要做，而是他不管怎麼做，都沒有辦法讓我滿意。」
「是真的嗎？」
「是！他完全就什麼都不會，笨手笨腳。」
孩子又笑了。
我問孩子：「弟弟，媽媽罵爸爸的時候，也是用笨手笨腳來形容嗎？」

孩子點點頭。

聽起來，是一位女性很不滿意自己嫁給一個家務能力很差的男性。一人扛起所有家務，到頭來，自己一肚子氣。

我問這位媽媽：「那你老公負責什麼？」

「就負責賺錢。」

「還有嗎？」

「還有跟這傢伙（指著兒子）玩在一起，好像一個大小孩一樣。家裡有他（指著兒子）就已經夠煩了，我還要多照顧一個大小孩！」

孩子又笑了。

你和你爸爸的關係如何？

「在回答你的問題之前，我可以先問你一些問題嗎？」我詢問。

「可以。」

「你會介意兒子在一旁聽嗎？」

「沒關係。」

「**你和你爸爸的關係如何？**」

「老師，你為什麼要問關於我爸爸的事？」

因為我相信，她作為女兒所體驗到的父女關係，會影響到她與兒子的親子關係。所以我回答她：「因為**你的爸爸，還有你孩子的爸爸，這兩個男人都扮演著『父親』，也扮演著『丈夫』的角色**，所以我想多瞭解一下。」

她點頭，剛才所展現對先生的不滿好像一下子被熄滅掉了。

「你怎麼啦？」

她搖頭，一下子眼淚就掉下來了，非常真性情。兒子在旁，安靜地看著媽媽。

「謝謝你這麼真誠地流露氣憤，也這麼真誠地流露難過。我感覺到你對你兒子生氣，對你先生也生氣，但是你對你父親是感到難過的。」

她搖頭：「不是，我對我爸爸是更生氣的，我是替我媽媽不值。」

「願意和我多說嗎？」

她沉默。這時候，她的兒子不知道從哪裡找來紙巾，遞給媽媽。

「有在別人面前提起過爸爸嗎？」

「很少。」她一面擦眼淚，一面說。

「爸爸還健在嗎？」

「我不知道。」

「那背後一定也有些故事，對嗎？」

「嗯，我爸爸離開了我們。那時候，只剩下媽媽、我，還有弟弟，我們三個人。」

「那一年，你幾歲？」

「十二歲。」

「那你已經很懂事了。」

「嗯。我也知道我爸媽的婚姻關係不好，他們常吵架。」

「就像你現在和你的老公嗎？」

「不。我爸媽吵得比我們凶。」

她娓娓道來，讓我知道她爸爸是因為受不了媽媽的霸氣，才離開的。離開時，還對著她說：

「我不是在外面有婚外情，我是受不了你媽那個壞脾氣。」

她一面哭，一面罵著爸爸說：「他可以不喜歡媽媽，但是為什麼他要丟下我和弟弟，就這樣不管了？」

「他有回來過嗎？」

「有。」

「然後呢？」

「我媽不給他進門，他也只好離開。」

「後來呢？」

「後來他就再也沒有回家了。」

「那你的媽媽呢？」

「我媽就一手把我們兩個帶大，從來沒有埋怨過。」

「我看得出你很佩服你的媽媽。」

「嗯。這輩子，我願意為我媽媽付出一切。」

「我相信。」

我們沉默了一會兒。

「我還可以繼續問嗎？」

「可以。」

「那麼**你媽媽和她的爸爸——也就是媽媽和你外公的關係，又是如何呢？**」

「老師，為什麼你要問我外公的事情？這跟我兒子聽不聽話有什麼關聯呢？」

（待續）

● 給已婚的女性：

你的父親有哪些行為是你有所不滿及失望，導致你不想要丈夫和兒子重複你父親的不良行為？

你對父親的不滿，是如何影響了你和丈夫及兒子的關係？如果不要把這些不滿投射在你的丈夫及兒子身上，你能夠如何消化多年前對父親的不滿及失望呢？

我不小心把對父親的不滿，轉移到孩子的爸爸身上

感受並承認自己的憤怒，不要推開內心的憤怒，然後好好地負責去照顧自己的憤怒。

【前情提要】一位母親帶著兒子來找馮以量，她問：「我要怎麼樣讓孩子聽我的話？」她氣先生帶兒子去染髮，抓狂地把小男孩剃成光頭。她形容先生總是笨手笨腳，不管怎麼做，都沒有辦法讓她滿意。然而，當以量轉而問起她和爸爸、甚至她媽媽與自己父親的關係，她哭了。原來她如此埋怨丈夫和兒子，實際上與她對父親的感受深深牽繫著……

「老師，為什麼你要問我外公的事情？這跟我兒子聽不聽話有什麼關聯呢？」

「是同樣道理的，因為**你外公和你爸爸，還有你先生，都是扮演『父親』的角色**。我想要知道你媽媽和她爸爸的關係如何。」

「這跟我有什麼關係呢？」

「我也不曉得可不可以看到一些關聯。但是我想，等你給我資訊之後，看我能不能給你些什麼建議。」

「我沒有見過外公，在我出生前，他就去世了。我只知道外婆時常埋怨他。即便外婆現在老了，還是會在我們面前說當初外公是怎麼對待她。而且我媽媽也不喜歡自己的爸爸。」

「那其中發生了什麼？」

「我外公不出去工作，就是整天在家裡而已。他是一個很弱的男人。」

「他為何這麼弱？」

「因為他是家裡的老公。據媽媽說，外公是媽寶，母親都寵愛著他。所以外婆嫁給外公以後，婆婆要她這個媳婦出去工作養家。」

「那，我聽懂了。」

「老師，你聽懂什麼？」

「否定爸爸的憤怒」，一代傳一代

這個家庭中的三代女性（外婆、媽媽及她）都不滿意自己丈夫的所作所為。外公不工作，爸爸離家出走，先生不做家事——這些都是男人們所顯示的「欠缺」。所以為了生存，這三代女人不得不把自己給強大起來。

這份迫於無奈而逐漸強大的能力，久而久之，成為兩性婚姻裡的一種強大氣勢。而女性的這份氣勢是可以傳承的。

怎麼傳承呢？

當中如果有一個女兒特別能體諒母親的辛酸，而且又透過母親的視野去否定爸爸，那麼，這份「否定爸爸的憤怒」就會繼續這樣一代傳一代了。

「也就是說：外婆討厭外公，媽媽討厭外公；然後媽媽討厭爸爸，接著是你討厭爸爸；現在輪到你來討厭你的老公了。這之中的女性們都討厭自己的父親，也討厭自己的先生。**你看到那裡頭一代傳一代的重疊嗎？**」

她很安靜地聽著我說，但沒有點頭，所以我不知道她是否聽懂。反而是她的兒子很靈敏，一聽就點頭了。

然後我追問：「讓我來問你，你知道你氣兒子不聽你話的源頭在哪裡嗎？」

「因為我氣我先生？」

「是的。來，我們繼續。那你知道，你氣你先生的源頭在那裡嗎？」

「老師，我知道了。我氣我爸爸。」

「嗯。是的，你聽懂了。」我繼續追問：「你知道你為何氣你爸爸嗎？」

「老師，我不能夠說是來自於我媽，因為我爸爸真的很令我生氣。我是替我媽媽難過。」

「是的，我同意你不是替媽媽在氣爸爸。身為女兒的你氣爸爸，所以也希望先生做好他的本分。你希望他能扮演好兩個角色：『你的老公』及『兒子的父親』。你希望老公不要重複你父親功能不良好的行為。」

「嗯。」她點頭。

「但是，**你有沒有察覺到：你對老公的不滿及憤怒，有多少成分是從以前原生家庭對爸爸的憤怒而帶過來的呢？**」

「老師，我懂了。」她點頭。

「你多說一些。」

「罵老公的時候，我時常會順便提起我爸爸，告訴他：『你千萬不要像我爸爸！我求求你不要像我爸爸！』」

「所以，請問問題出現在哪裡呢？」

「我覺得……還是我老公有問題。」

我們三個人都笑了。

「我能理解的。你老公當然有他自己還需要學習的課題。但是你有沒有發現，**你的憤怒、你在男性面前的氣勢、你對你老公的不滿，這些也正在破壞著你和你先生的關係，並破壞著你和你兒子的關係。**不曉得你認不認同？」

「嗯。」她點頭。

每個已婚、有小孩的女性，都有兩個爸爸

我繼續告訴這位媽媽：「基本上，每一位已婚且有小孩的女性都有兩個爸爸：一個是『自己的爸爸』，另一個是『孩子的爸爸』。這兩個男人，是女性常拿來做比較的。如果自己的父親做得不夠好的部分，自然而然就希望孩子的爸爸做得再好些，來彌補過去自己的父親所展現的欠缺。」

我繼續說：「所以已婚女性要學習的其中一項功課就是：如何在自己的內心『分化』這兩個

爸爸。我們要清楚地知道，**自己的父親和孩子的爸爸是不一樣的生命個體，是不可以拿來相提並論的。而且把對自己父親的憤怒及不滿轉移到孩子的爸爸身上，也是一件非常不公平的事。**」

我進一步對她說：「你父親和你先生，是你生命中很重要的兩個男人。但是他們都讓你失望了。因此，這是你生命中很重要的第三個男人。」我指著她的兒子，「如果你對前面兩個男人的期待都放在他身上，如果你對前面兩個男人的憤怒都發在他身上，你覺得對他公平嗎？」

她好像突然間被我打通任督二脈，連忙蹲下來抱著兒子，大聲哭泣著說：「對不起！對不起！媽媽對不起你！」

要是你也在現場，會看見一位真性情而且睿智的女性，一下子就明白我說的問題所在，而抱著孩子痛哭起來。孩子其實沒有太大的反應，但是他願意以擁抱來回應母親的擁抱。

處理自己的憤怒，消化對父親的失落

等媽媽稍微冷靜之後，我問她：「你剛才大哭起來，是怎麼啦？」

她說：「我突然間好像明白了自己平常所說的話，都在傷害我兒子。我時常對兒子說：『為什麼你要這麼像你爸？』」

我笑著回應：「如果他不像爸爸，你才要擔心啊。兒子不像自己的爸爸，難道要像隔壁家的大叔嗎？」

「我時常對孩子說『不要像你爸爸這樣，什麼都不做』，就像我時常對我老公說『你不要像我爸這麼懶惰』。我現在好像明白了一些，但是又好像不是很明白。只是我心裡突然間很感慨。」

「你的感觸是很真實的，因為你就是不希望老公及兒子像你爸爸那樣，讓你失望。這份過去對爸爸的失望，讓你很難過，也很感慨。加上你又不想再次被傷害，所以總是很焦慮地命令他們父子倆一定要活出你想要看見的樣子。你愈強勢，愈命令他們，他們就愈陽奉陰違。他們難免會在你面前說一套，在你背後做另一套。」

這位媽媽點點頭。

我面質她：「強硬把孩子的頭髮給剪光，這是很粗暴的行為。你知道嗎？」

「哦。」她不好意思承認，但還是補充一句：「給孩子染髮就是不對啊。」

「這裡頭的憤怒，有多少成分是你對爸爸的憤怒？」

「老師，我都分不清了，因為我時常發脾氣。」

「**你內心有很多小時候還未消化好的憤怒。你要學習好好地感受自己的憤怒，承認自己的憤怒，不要推開內心的憤怒，然後好好地負責去照顧自己的憤怒。**而不是動不動就罵老公、罵兒子。這樣下去，他們遲早會被你罵走的。」

我苦口婆心地繼續說：「除了要去處理憤怒，你也需要**消化內心對父親那份失望所帶來的『失落』**。爸爸走了，家裡從此就再也回不到過去了。那些說不出口的失落，也是需要整理的，好嗎？當你內心不再有這麼多失望及憤怒，你的人就會柔軟好多，就像現在的你。到時候，兒子自然而然就會聽你的話了。比如現在，你的兒子一直默默地陪著你，你流眼淚，他也給你遞上紙巾。我感受得到他心裡有你這個媽媽。」

那一刻，她緊緊牽著兒子的手，兒子也願意被媽媽牽著手。

我們彼此道謝，說再見。

「你的父親」和「孩子的爸爸」，是不一樣的生命

身為父母，我們都希望孩子聽我們的話。但是這裡有個矛盾：萬一爸爸和媽媽說出來的話是不一樣的呢？我們到底要孩子聽誰的話呢？

這也是為何**父母能否穩定自己的身心，會直接影響孩子的生命**。

我知道在這世界上，有很多女性像這位媽媽一樣，正在努力不讓自己對爸爸的不滿轉移到丈

夫身上，因為她們知道這種投射會傷害自己與丈夫所建構的婚姻關係，也會傷害自己和孩子所建構的親子關係。

我想邀請母親們做一番思考：

不管你和父親的關係如何，
我想請你收回所有對父親的投射，
不再轉移到孩子的爸爸身上。

有些女性的父親很優秀，所以導致她們會要求孩子的爸爸也跟著優秀。有些女性的父親則沒有功能，導致她們會要求孩子的爸爸不可以功能太差。你看到了嗎？不管父親優秀與否，他自然而然地變成一個你衡量丈夫好壞的基準。

承認「自己的父親」和「孩子的爸爸」是不一樣的生命。這兩個爸爸各自有著不一樣的教育背景、原生家庭背景、價值觀、生命經歷等等。基本上，就是兩個不同年代的男人。

請讓你的先生決定他要如何教導孩子，你可以和他商量、討論，大家彼此理解。爭吵肯定是難免的，但是你要記住：你不是你老公的母親，也不是他的老師，更不是他的教練。你不用教育他要如何成為一名爸爸，正如他不用教育你要如何成為一名媽媽一樣。

如果你能做到**把投射收回，不僅孩子的爸爸被釋放了，你的孩子也被釋放了。更重要的是，作為母親及太太的你，也自由了。**因為你和先生所創造的衍生家庭裡，**不再讓原生家庭的爸爸住進來。**

謝謝這位媽媽，祝福她。也祝福他們一家人。

● 給已婚的女性：

你有沒有察覺到：你對先生的不滿及憤怒，有多少成分是從以前原生家庭對爸爸的憤怒而帶過來的呢？

你如何阻止住在你腦海裡多年的那位父親，光明正大地住進你們夫妻倆所建立的家庭呢？

6 新手爸爸若沒有參與照顧孩子，那是一家人的損失

請別推開新手爸爸

每一個孩子不僅需要母愛，也是需要父愛的。

媽媽愛孩子是天性。

那爸爸呢？爸爸愛孩子，是不是也是天性？

我不是那麼確定。但是我發現在照顧孩子方面，大部分的爸爸比媽媽稍微笨拙及粗線條。

想當年，我的堂姊及堂姊夫生了一個小女孩。滿月後，兩人帶著女兒回我們老家，讓老人家抱一抱寶寶。

剛滿月的小女孩愛哭，那也是天性。早也哭，晚也哭；媽媽不在身旁哭，餓了哭，想睡沒得睡，又哭。這是難免的，嬰孩用本能的哭泣來索討身心的需求。身為新手媽媽的堂姊只好手把手地照顧不停哭泣的女兒，在旁的堂姊夫很想一同處理這個情況，卻一直被堂姊推開。

堂姊顯得很不耐煩，她不讓堂姊夫餵奶，更不要說幫女兒洗澡。

有好幾次，我都看見她呼喝著丈夫：「你不會的啦。你走開啦。不要在這裡站著，礙手礙腳。」

堂姊夫很無奈，乖乖地離開現場。等堂姊心情好一點，我看見他再嘗試自己可否幫忙些什麼。

這是一名新手媽媽在嫌棄著一名新手爸爸。

我看在眼裡，不怪堂姊。我的堂姊從小就喪父，多年跟隨單親的母親生活。長大的過程裡，學會了母親面對苦難的堅韌及魄力，但也吸收了不少母親面對生活壓力的焦慮時，所展現的強勢。愈想把事情做好，就愈焦慮；愈焦慮，就愈容易氣自己及氣別人。

堂姊覺得身為女人，自己作為母親的責任非常重大，身邊沒有多少人可以幫忙她。**這，像極了她的媽媽。**

當新手媽媽與寶寶「結盟」

其實不管是扮演父親或母親的角色，都是沒有課程可以上的，也沒有一個完善的教育系統，來教導男性及女性如何做新手爸媽。只要嬰孩一誕生，新手父母就立刻被迫「上戰場」，去面對生活林林總總的挑戰。

在生理結構上，父親和母親的角色肯定是有差別的。

母親在十月懷胎的過程裡，難免會與嬰孩有一種更深的連結。這十個月的辛酸苦辣，也真的只有懷孕的母親才能體會。

至於父親這個角色，要是說得粗俗一些，其實男性捐贈精子之後，就可以什麼事都不用管了。加上男性沒有經歷太太懷孕的過程，也沒有經歷生產的煎熬，身為新手父親，即便如何地盡心盡力去參與，他也沒有那份只有母親與嬰孩之間，獨一無二的連結。

這也是為何大部分的母親因為和嬰孩有種特殊的關係連結，導致有一種占有嬰孩的優勢：「寶寶是我的，你不要來搗亂。」

尤其是一旦丈夫在育兒期間顯得笨手笨腳，她就會更不由自主地推開丈夫。

太太把先生推開的動機，無非是為了要給孩子最好的照顧；但也恰好因此讓**婚姻關係裡，產生了一種莫名的兩性競爭——那就是新手媽媽會不禁與嬰孩直接產生「聯盟」，而新手爸爸被冷落及被嫌棄。**

在養育期間裡，只要太太不停地推開丈夫，持續否定男性在育兒上的無能，嫌棄他照顧孩子的笨拙，導致丈夫什麼事也不用管，不用理……時間一久，會讓男性在家庭中更加無用武之地。要是男人在家裡只剩下賺錢這個功能，這就很可悲了。

為了顧及堂姊夫的尊嚴，我拉著堂姊單獨地一對一坐在廚房裡，語重心長地對她說：「不要這樣對待堂姊夫哦。你這樣推開堂姊夫，以後若他不再願意幫忙你分擔家務，你不能怪他哦，因為是你主動推開他的。」

我知道我這番話，她聽不進去。她依然數落著自己的先生在照顧孩子方面的種種不足。

堅守崗位的新手爸爸

時間一晃，過了二十一年。如今，堂姊的女兒亭亭玉立，正在修讀工商管理。健康、快樂的她，笑起來非常甜美。

這年的母親節，我們又回到老家，三十餘人齊聚一堂。他們一家三口的關係極親密。

滿頭白髮的堂姊夫和我閒聊：「最近都在忙些什麼？」

我說：「最近在忙著要如何把一本新書寫出來。」

「這一次是寫什麼題目？」

「是關於父親的。」我說。

我突然想起當年和堂姊在廚房對談的畫面，便對堂姊夫說：「啊！你可以為我這本新書貢獻你的故事嗎？」

我連忙拉著堂姊一同參與我們的對談：「堂姊，你還記得以前我很雞婆地對你說，『不要把你的老公推開』，要允許他和你一同照顧你們的女兒嗎？」

堂姊說她忘記了。果然，我沒有猜錯。我不覺得她有把我的那番話放在心裡。

反而是堂姊夫頻頻點頭：「就是，就是。當初她就是一直不讓我參與照顧孩子。」

我問堂姊夫：「那現在女兒大了，你有什麼想法？」

他不假思索地說：「如果我當年沒有參與照顧孩子，那不只是我的損失，也是我們一家人的損失。」

我聽得明白，拚命點頭，給予堂姊夫莫大的肯定。

每一個孩子不僅僅需要母愛而已，他們也是需要父愛的。

堂姊隨著反駁說：「當初我的家翁（馬來西亞用語，即台灣所稱的「公公」）也是如此對我說，要我對你堂姊夫有耐心一點，畢竟他什麼都不會，第一次做爸爸。我也能理解。但是你知道他有多糟糕嗎？我只是叫他開熱水，讓我可以為女兒洗澡，你知道他怎樣嗎？他沒有注意那個蓮蓬頭有沒有放好就連忙打開，噴得整個浴室都是水，把我們母女倆都弄濕了。你說，是不是氣死人?!」

我們都看著堂姊夫，不禁笑開了。

笑著笑著的當兒，我突然好像又多明白一點點關於「父親」這個角色。

在照顧孩子的當下，新手媽媽把新手爸爸推開是人之常情。而新手爸爸被推開之後，逐漸失去功能，成為一名功能缺失的父親，也是人之常情。

但是，如果新手爸爸被推開之後，選擇堅持不離開，那就是人間可貴的畫面了。

我眼前的堂姊夫，就是這樣的爸爸。不管他如何被太太罵，都不離開，因為他比任何人都知道，自己生命中這兩個重要的女人需要他。

不管他的育兒方式有多笨拙，一個是太太，一個是女兒——這兩個女人都需要他，他明白無論自己有多麼粗線條，都不能被推開。代價頂多就是若干年後，那些做過的糗事會被太太翻舊帳，成為桌上的笑話而已。

太太可以繼續損他，但是他清楚地知道自己並沒有任何損失。他堅持為這個家庭付出，並沒有帶給他任何損失。如果當初他聽太太的話而選擇不管、不理，那才是他及他的家庭最大的損失。

我堂姊能有如此憨厚的堂姊夫，真的是她這輩子最大的幸福啊。

給已婚的女性：

你和你爸爸的關係如何？這段父女關係有沒有影響到你目前的夫妻關係？你有沒有把你對你所喜歡或不喜歡爸爸的個人特質，投射在你丈夫的生命裡？你能把這投射背後的初衷說得再清楚一些嗎？

7 有些情分無法親密、無法靠近，但無比珍貴

他是我父親，卻也是陌生人

要接受從來沒盡責的爸爸回到自己身邊，是生命中很大的寬恕課題。

「阿量，你不知道，在這世上，你再也找不到像我兒子這麼好的兒子了……」

躺在床上、將近六十歲的陳爸爸說完這句話後，皺了皺眉頭，立即翻身背對著我。

我不曉得如何接話，他也不想要再和我對話。沉默充塞著整個病房的空間。

我知道陳爸爸和兒子、媳婦，還有孫子住在一起，不過打從我為他提供安寧日間服務（day care service）到住院服務（inpatient service），這半年的時光，並沒有見過和他住在一起的家人。

住院的這兩個禮拜期間，我和他兒子通電話，每次都沒有辦法超過一分鐘。他都以工作繁忙作為藉口，不願意和我討論有關他爸爸的病情及狀況。

值夜班的護理師向我報告：「他的兒子在第一個晚上來過一次。之後，就沒再出現了。」

沒有交談、沒有關懷，那是一個怎樣的兒子？

為何陳爸爸會說出這一番如此肯定兒子的話？

看著陳爸爸日漸消瘦的背影，他快活不久了。在這段父子情裡，我還能為他做些什麼嗎？

拋家棄子的父親

由於入院文件需要處理的緣故，陳爸爸的兒子不得不抽空來見我，不然我沒有辦法為陳爸爸申請政府津貼。

好不容易，我們終於第一次見面了。坐在輔導室的他，三十歲，西裝筆挺。

從陳爸爸口中，我極少聽說他們父子倆的故事。反而是這一次，我從兒子口中知道了有關陳爸爸的生命故事。

父親正值壯年時，拋妻棄子，放棄他的家庭，尋找他的真愛。他以為那女人就是他生命中的所有。

這個舉動，摧毀了一個家。妻子無法接受婚姻破碎，導致思覺失調，被迫長期入住精神病院。當年只有三歲、還不懂事的獨生子，只好由外公和外婆一手帶大。

不費吹灰之力，身為丈夫、身為父親的陳爸爸親手揉碎了一手建造的家庭。

那二十多年風花雪月的日子，呼風喚雨的他賭馬、酗酒、抽菸。他以為可以永遠把名利緊握在手中；殊不知，一瞬間煙消雲散原來也是不費吹灰之力。一切，全由他吐血那一刻開始……

他被診斷患了肺癌。

逐漸落魄的生命，讓那個女人不再依偎在他懷裡，使金錢不再依附在他手裡。女人走了，錢也跟著被騙走了。他什麼都沒有了。

迷失的生命有了一次澈澈底底的崩潰，才不得不赤裸裸地面對自己生命的孤單及黑暗。

走投無路的他厚著臉皮打電話給已經成年的兒子：「我生病了。沒有錢，沒有人照顧。」

這二十多年來，父親在兒子的成長路上不曾出現。

一般來說，父親多年的缺失是會影響孩子身心發展的；而且西方有不少論文指出沒有父愛的孩子們，少年期的犯罪率比一般青少年偏高。

欣慰的是，他有外公、外婆、老師們的持續陪伴，給予他足夠穩定的保護網。所以他並沒有變壞，大學畢業、結婚、有孩子，現在成為一名擁有高薪的專業人士。

如果當初不叫爸爸回來，他會死在街上

說到這裡，兒子嘆了一口氣，對我說：「如果當初我不叫他回來，我知道他一定會死在街頭。」他繼續說：「老實講，他長得怎樣，我完全沒有印象。」

爸爸拋棄他的時候，他只有三歲。看得出當下他內心必定很掙扎，也不忍心。其實這是一個難得可以以牙還牙的機會；但同時，也是一個可以展現厚德載物的機會——想要報復，抑或想要和解，一念之差。

在這個轉折點，兒子選擇成為誰，將會決定往後他與爸爸父子情的鋪排。

兒子最後決定，輕描淡寫地傳了一句短訊給父親：「回來吧！我養你。」

聽到這裡，我終於明白為何陳爸爸會對我說：「在這世上，你再也找不到像我兒子這麼好的兒子了……」

我終於聽懂了。

要兒子去接受一個從來沒有付出、沒有盡責的爸爸回到自己身邊，那是生命中很大的寬恕課題。一般人都無法放下心中的恨，但我眼前這位成年兒子，卻選擇繼續承擔。

從他身上，我看到寬恕可以如此深厚。想起自己不願照顧癌末父親的陳年往事，我汗顏不已。

我的生活裡，從來沒有他

我謝謝他如此坦然地告訴我這一切。我也很誠實地問他：「這幾個月，雖然你願意養他，不過，我發現你好像不是很願意靠近他。可否告訴我，你的心裡到底發生了什麼？」

他笑笑說：「你很犀利。」

我邀請他：「如果你不願意談的話，it is okay。但如果你願意談，我很樂意聽。」

他稍微調整了自己的坐姿，繼續說：「我不知道如何和他說話，我覺得他是個陌生人。我從來沒有見過他，我的生活裡其實都沒有他。他回來半年了，我不知道該跟他說什麼。他是我的父親，但是又好像沒有任何親情。」

我有一句話已經滑至嘴邊：「其實你知道嗎？你的父親對我說在這世上，他找不到第二個像你這樣好的兒子了……」但終究還是把它給吞了下去。**我選擇不說，是因為不想道德綁架眼前這位成年兒子。我憑什麼決定他該怎麼做。**

我點頭表示明白。

他繼續說：「嗯。我還是不知道該跟他說什麼。」

我建議：「那你就什麼都不要講，安靜地坐在他床邊就好了。」

兒子對我說：「我試一試。」

「如果你願意付費，讓他繼續在安寧病房被照顧，到他去世為止，就請你在表格裡簽個名，我會幫忙你申請政府津貼。但是如果你不願意付費，我可以為你求情，寫一份社工報告，告訴政府，其實你從小到大是在父親缺席的生活中長大的，我們沒有權力逼你付費。我想讓你知道你可以有的選擇。」

他完全沒有考慮就回答我：「不需要求情。爸爸在這裡被照顧的費用，全部由我來付。這筆錢，我還有能力付得起。」

我看著他，點個頭，請他在表格裡簽名，完成所有住院手續。

第二天早上，我走進陳爸爸的病房，握住他的手：「陳爸爸，我終於明白那天你所說的話了。」

（待續）

給父親長年缺席的成年子女：

缺席的父親如何影響你的一生？在這一段可有可無的親子關係中，你如何應對這多年來的傷痛、遺憾及失望？

主流文化期待我們學習寬恕及做出和解等，你是怎麼看待這些學習呢？你能原諒父親嗎？你能與父親和解嗎？如果撇開主流群眾的眼光，此時此刻的你是如何看待這段你和父親的關係呢？

你會想要做些什麼以及不做些什麼，來好好安放受傷的心靈呢？

這段父子關係還未開始建立，又要分離

過去有太多無法處理的傷痛，他只能在心中留給父親一個不多、但是重要的位置。

【前情提要】父親外遇而拋家棄子，母親住進精神病院——當年，他三歲。二十多年後，潦倒又重病的父親在走投無路下，回頭找他，而他簡單回覆：「回來吧！我養你。」父子時隔多年的重逢，卻是在安寧病房；身為醫療社工的馮以量，一路陪伴他們。對這位缺席的父親來說，在這世上，再也找不到這麼好的兒子了。但父親之於他卻有如陌生人，明明是父子，又好像沒有任何親情……

第二天早上，我走進陳爸爸的病房，握住他的手：「陳爸爸，我終於明白那天你所說的話了。」

他看著我，不明白我在講什麼。

我重複：「那天你對我說在這世界上，再也找不到像你兒子這麼好的兒子了。你的兒子，他告訴了我背後的故事。」

陳爸爸聽了，很努力地壓抑住那快要滴落的眼淚。

「你兒子告訴了我關於你和他的過去。」我說。

他把我的手抓得很緊，問道：「我兒子有對你說什麼嗎？」

我取巧地回應了一句：「他說他會照顧你直到你……」

我還沒把話說完，陳爸爸的眼淚便忍不住流下來。他不想和我對話，翻身過去。

在我眼前，是一個長年缺席的父親，對自己這輩子從來沒有扮演過父親的角色而感到羞恥。這眼淚、這翻身，道盡這一切。

在父親最黑暗的時候，兒子給予光亮；在父親最孤單的時候，兒子給予關愛。

但是，兒子給出的每一分光亮及關愛，讓這位缺席多年的爸爸更加感到羞恥。

我不強求，拍拍他的肩膀，對他說：「陳爸爸，我先離開。」

他揮揮手，示意我離開。

如果他不願意對話，我就安靜地陪陪他

後來那段日子，作為醫療社工的我不時踏入病房，和陳爸爸寒暄。兒子的生活步伐依然緊湊，但盡量每隔兩週會在週末時抽空拜訪爸爸，帶著妻子和年幼的兒子一同來看看父親。有一次，我在週末回醫院工作，經過走廊時，聽到病房傳出陳爸爸和孫子的笑聲，他在教孫子唱兒歌。

三個月後，陳爸爸的左肺被癌細胞全然毀壞，需要戴氧氣罩維持呼吸。由於陳爸爸不和醫師說話，醫師便請我和陳爸爸聊聊天，看我們可以為他提供怎樣的支持。

當天早上，我走進他的病房，稍微閱讀護理師及醫師近幾天所寫的進度報告表。闔上雙眼的他不說話。

我輕拍他的肩膀：「陳爸爸，你好。」

他睜開眼睛看看我：「阿量，抱歉。我很累，沒有力氣和你說話。」

我點點頭：「沒有關係。我可以坐下來嗎？」

他點點頭，然後閉上眼睛。

我們繼續沉默。

如果他不願意對話，我就安靜地陪陪他。因為我沒有帶著任何動機來找他談話，即便我的醫師有其需求，想要知道最近不說話的陳爸爸心裡在想什麼。

•••

我坐在床邊大約十分鐘之後，他睜開眼睛，對我說：「我已經二十多天沒有吃東西了，為什麼還是死不了？」

我聽到這裡，替他感到辛苦：「你是不是想要快一點去世？」

他點點頭。

我說：「可是就很煩，覺得為什麼沒辦法早一點死。」

他不回應。

停頓幾分鐘後，我說：「兒子知道你不吃東西這件事嗎？」

「知道。」他回。

「他有說什麼嗎？」

「沒有。」

「嗯。」

我們之間，再停頓幾分鐘。仔細地看著日漸消瘦的陳爸爸，他已經厭倦長期躺在病床上，今天看來更沒有體力。

「沒有什麼東西值得眷戀了，是嗎？」我對他說。

「是的。」他回答。

對談很緩慢，對白也極少。再停頓幾分鐘後，時而睜眼又閉眼的他對我說：「我希望我能夠在這二十四小時內去世。」

我點點頭：「嗯。可以的話，你希望能夠在這一天之內去世。你願意多說嗎？」

他那深邃的眼神有種說不出的沮喪，甚至絕望。

我們相望大約十秒，沒有微笑，沒有表情，什麼也沒有，就只是相望。

他再次闔上眼睛，不再說話，不作回應。

我安靜地坐在他的床邊，時空的感覺放慢了許多。

我開始感受到他的世界——那是個似乎不怎麼走動的時空，連死亡的感覺都沒有，一切都沒有。除了停頓，還是停頓。不難想像他想要早點離開這個停頓的世界。

請跟我兒子說，我很謝謝他

安靜坐在旁邊半小時後，我握住他的手，說：「陳爸爸，我走了。謝謝你允許我坐在你的旁邊半小時，我會再來看你。」

「好。」他說。

我鬆開手，正要起身離開，他又握回我的手：「謝謝你，以量。」

我拍拍他的手，說：「不客氣，我會再來看你的。」但因為那握回我的手的力度，我補充：

「我還可以為你做些什麼嗎？」

「阿量，我去世之後，麻煩你幫我跟我的兒子說，我很謝謝他。」

「好的。我會代替你告訴你的兒子。」

雖然我很感動，但是並沒有打算要他們父子倆當面告別及善別。

讓父子雙方的傷痛一一掀開，讓彼此的關係和解，而得到救贖，這些都是我很擅長的能力。可是對於這位父親，我不忍心。我知道，他要我代為向兒子說聲謝謝，這句「謝謝」已經說明了一切。再多的話語，也彌補不了這些年來的過錯及遺憾。

在「四道」人生的概念裡，我們常鼓勵病人及家屬要多說：「**謝謝你，我愛你，請原諒我，再見了。**」

要陳爸爸對兒子說「我愛你」嗎？他拿什麼來愛他的兒子？兒子所經歷的童年及青少年時期，該給出愛的時候，他在哪裡？而兒子如今給予他的每一分關愛都讓他感到更加羞恥。

要陳爸爸對兒子說「請原諒我」嗎？這又有什麼用呢？對兒子道歉之後，陳爸爸依然責怪自己是長年缺席的父親。他拿什麼來祈求對方原諒？

要陳爸爸對兒子說「再見」嗎？這半年，他們才剛重逢。說聲再見，會不會太殘忍了呢？他們才剛剛再見不到一年。

所以，那句「謝謝」已經說明了一切。有時候不多說四道人生，反而可以讓雙方不加深內心那道永遠都找不到答案的傷口。

不是每一段關係都需要和解

當天下午，陳爸爸進入昏迷狀況。傍晚，兒子及時來到病床前，送父親人生的最後一程。我們倆一同站著，看著奄奄一息的陳爸爸。我稍微告訴兒子要有心理準備，父親將會在二十四小時之內去世。

接著，我對他說：「今天早上，你爸爸對我說，他很謝謝你。」

像父親一樣，兒子很努力地壓抑著眼淚，表情冷冷的，對我點一下頭。

「這句謝謝的話，是他指定我一定要傳達讓你知道的。他很謝謝你。」

他看著父親，再點點頭，表示收到爸爸的訊息了。

然而，我心中還有一句話如鯁在喉，不吐不快。我冒險對他說：「可不可以再跟你多說些？」

他再次點頭。

「三個月前，你爸爸曾經跟我說過一句話。他對我說：在這世界上，他再也找不到另一個像你這樣好的兒子了。」

我說完之後，他的臉色立即轉成通紅，眼淚瞬間掉了一滴，接著又一滴……淚水爭先恐後地陸續落下。我也忍不住，陪著他一起紅著眼睛。

他抹去眼淚：「對不起。」繼續說：「我沒想到這麼快！我以為……以為他還有六個月的壽命。」

我點頭。

之後，他不說話，我也不說話，但我也不離開現場。我安靜地陪著他，就像這天早上安靜地陪著陳爸爸一樣。我讓他透過眼淚來碰觸他內心對於剛與爸爸重逢，又被迫要離別的複雜情緒。父子的關係還未開始建立，又要分離了。

即便我心裡有太多的話想說、想問，也統統不重要了。連發問、同理、分析、探索，這些所有的技巧，在這個時空裡，一點都不重要了。

十多分鐘之後，我對他說：「我把這個空間留給你和你爸爸，好嗎？」

我們這些助人者要叮嚀自己，即便我們再怎麼厲害，都不要企圖改善他們父子多年來不曾修復的複雜關係。

我選擇離開病房，讓他能夠有多點私人時空與父親獨處。我覺得把男性的尊嚴留給這對父子，才是自己最能夠為他們做的事。真的不要太多事。

當天晚上七點，值夜班的護理師打電話跟我說：「陳爸爸去世了。兒子、媳婦，還有孫子都在。兒子的狀態很穩定，不需要進一步的支持。」

掛上電話，我感嘆於這天早上陳爸爸告訴我，他希望能在這二十四小時之內離開人間。我想，彷彿老天爺聽到他的祈求了，包括那句對兒子道謝的話。

他終於完成他的人生功課了。

繁花盛開的感謝

陳爸爸去世後的第五天，醫院的櫃檯同事打電話給我：「阿量，有一位男士現在想要見你。」

我走去櫃檯，看到陳爸爸的兒子，妻子也同在。西裝筆挺的他與我握手。「謝謝你，阿量。我們依照爸爸的吩咐，今早把他的骨灰撒在大海了。」他繼續說：「我特地過來向你們說聲謝謝的。」

我說：「不用客氣，我也很謝謝你。說真的，我看到你很用心，每次都盡量抽空探訪你爸爸，對他來說，這很重要。」

「你們真的很用心，這麼用心地陪我爸爸走最後一段路。謝謝你們。」

他說著，從太太的手裡轉送花籃給我，說：「我買了一個花籃送給大家，希望你們會喜歡。真的很謝謝你們。麻煩你幫我謝謝醫師及護理師們。」

我從他手中收下大花籃，裡頭有野百合、向日葵、鬱金香及非洲菊等等。五顏六色的花朵很漂亮，散發出一種淡淡的，卻很令人感到安穩的花香。

目送他離開後，我從花籃中抽出一張小卡。他寫了這麼一段文字送給我們：

To all the beautiful people in hospice,
Heartfelt Gratitude for everything you've done to my dad.
From the son of Mr. Tan

（獻給慈懷病院所有美麗的人們，衷心感激各位為我父親所做的一切。／陳先生之子）

無法親密、無法靠近，卻無比珍貴

我在輔導室裡，常告訴母親們這番話：「在孩子的眼裡，不管再怎麼壞的爸爸，其他人也都沒有辦法取代他的。先不要說孩子是愛父親還是恨父親，父親在每一個孩子的心中都是很重要的。因為每個孩子的生命既來自於母親，也同時來自於父親。是父親與母親給予孩子生命，所以他們倆，對孩子而言都是同等重要的。」

然而，有些父親由於長年缺席而傷害了孩子，因此到最後，有些父子、父女的關係不是你說要和解，就可以和解的。

我以前不懂，覺得什麼事情都一定要說得清清楚楚，什麼困難都有辦法解決。結果自己曾經在一些有衝突的關係裡投注了更多傷害，而兩敗俱傷。

現在我覺得，**有些包容並不需要透過言語來說清楚，而且也無法說得清楚。有些寬恕也不一定可以實現，就像這一對父子情，是沒有辦法和解及寬恕的。但是，陳爸爸和兒子在彼此的心中，都有同等重要的地位。**

陳爸爸無論再怎麼壞，兒子還是覺得他是重要的。

但是在那親子關係裡，有太多讓兒子覺得無法處理的傷痛，所以不知從何說起，也不知如何解決。只能在心中留給父親一個有分量的位置，不多，但是是有分量的。兒子在心中留給父親這重要、但不多的分量，陳爸爸是可以感覺到的，我想，那就足夠了。

就像眼前花籃中的花朵一樣，不是所有的花都要像紅玫瑰如此鮮豔才叫做珍貴。我眼前的花朵散發出淡淡的花香，依然撲鼻，依然珍貴。

有些情，它就只能這樣淡淡的，無法親密、也無法靠近，但也是無比珍貴的。

給成年子女：

倘若父親的生命即將要結束，你會想要和他說些什麼話嗎？要是你的父親還健在，你願意把你想告訴父親的這番話，用寫的或用說的表達出來，讓他知道你的內心話嗎？

8 以「長大後更成熟的你」，看待你的孩子

當初爸爸打我，現在我打兒子

當童年的你只對著一個人察言觀色，把他的一舉一動記在心裡，你學起來了，而且長大後，你也成為他了。

「當我用皮帶抽打兒子時，我看見小時候的自己……」

坐在我眼前的這位父親流露出一種很後悔、也很無辜的眼神，看著我。

這複雜的神情，讓我很難忘記。

從事輔導工作這麼多年，我曾經試圖「逼」過不少毆打孩子的父親來接受輔導，但是他們沒有一位出現過。難得今天有一位男性願意接受輔導，我是非常小心地接著他如此真誠的分享。

他為什麼會出現在輔導室呢？

其實是他的太太和岳父，還有我，一同「逼」他來的。

孩子是家庭暴力系統下的受害者

有些孩子目睹家暴，有些孩子經歷家暴；有些孩子，兩者都經歷過。加害的父親從不帶孩子來接受輔導。陪同孩子的，往往都是受害的母親。每一次經歷家暴的孩子們出現在輔導室內，我看著他們身體上各個受傷的部位，以及那恐慌的眼神掛在小小的臉頰上，就有一種莫名的憤怒湧上心頭。我心裡常這樣想：

「這個爸爸怎麼可以這麼殘忍？」

「這個爸爸到底是怎樣，為什麼可以下這麼重的手？」

「這個爸爸有病吧？」

心疼孩子受傷之餘，我通常都是用「逼迫」的語氣對母親們說：「請你告訴你的先生，如果沒有你們倆的參與，我不願意接下陪伴你們孩子的任務。即便我再怎麼陪伴你的孩子，都不會有多大的療效。**孩子只是家庭暴力系統下的受害者，小孩無法改變任何局面。**」

我也常說：「若你們一家人要我陪伴你們的孩子，請你的先生和你也務必同步接受輔導。要是你們願意來，我會與孩子和父母分開談，甚至也會跟丈夫及太太分開談。唯有透過和你們夫妻的對談，我才能知道你們倆是如何產生家庭暴力這件事。**如果大人不願意改變，我是幫不了小孩的**。請你轉告給你的先生知道。」

即便我開出條件，把要求表達清楚，還是沒有一位父親出現過，而我也只好乖乖地繼續陪伴他們的小孩。

多年來，第一位現身輔導室的家暴父親

但是，這位爸爸出現了。

是他主動打電話找我預約輔導日期及時間，他坦言是太太要求他來找我的。他太太開出的唯一條件是：「如果你不去尋求協助，我是不會願意再讓你見兒子的。」

目前他太太帶著九歲的兒子搬回娘家，暫時和他分居。岳父也透過簡訊，放話讓他知道：「假如你繼續打孩子的話，請你別擔心，我可以安排我女兒和你兒子住在我家。我繼續養活他們，你也不用付任何贍養費。」

身為「丈夫」及「父親」這兩個重要角色，他的地位不保，隨時會被岳父「取代」。

所以，他出現了。

這位爸爸，黑眼圈很深，無精打采。很明顯地，這個家暴事件不僅傷害孩子，也傷害到他自己。

他告訴我，自從太太帶兒子回娘家之後，他仍然有去上班，生活還可以繼續維持日常運作，胃口方面也沒有什麼影響，但是一直處於失眠狀態。

他試圖打電話向太太祈求原諒，是太太把我的辦公室電話號碼告訴他。所以他能和太太繼續聯繫的唯一途徑，就是接受我所提供的輔導服務後，太太再和岳父商量及決定是否可以讓他見孩子。

他的眼神已經清楚地告訴我，他很無助。

這是我第一次接觸家暴事件中的父親（加害者）。

我說了一句很粗糙的開場白：「你就說一說當天（打兒子）的經歷吧。」

用皮帶打兒子時，他看見小時候的自己

其實我已經在前一週見過他的兒子及太太了。

太太哭著對我說：「他（丈夫）當天像隻發瘋的野獸，不停地鞭打兒子。不管我怎麼拉著他，都沒有辦法讓他停手。」

孩子的手部及腿部都有不少瘀傷。正當太太要把兒子腰上的瘀傷掀開給我看時，我適時地打住她：「你看你的兒子，他單單坐在這裡看著我們倆談這個話題，已經非常不舒服了。你不需要掀開他身體受傷的部分給我看。我已經感受到這件事對你及對你的兒子來說，都很不容易。」

小男孩當下顯露害怕且恐慌的眼神，被爸爸打的經驗還未回過神。我不願意讓我們的對談再傷害他一次。

我已經從太太口中知道他是用皮帶打兒子，但是我想要親自聽聽這位男性自己怎麼述說。本以為他會告訴我當天打兒子的來龍去脈，但他第一句話就開門見山地對我說：

「當我用皮帶抽打兒子時，我看見小時候的自己……」

說完這句話，他低著頭，停下來。

我追問：「你的意思是說，打下去的時候，你就『看見』小時候被打的自己嗎？」當我說「看見」這兩個字的時候，特意用雙手的食指及中指弄一個開關引號的手勢。

他直言不諱：「是。」

激怒我的，是我對自己父親的失落

老實說，我當下最想要回應的是：「你都知道打孩子是不對的，為什麼還要打下去呢？」但如果我一開頭提出的問題都在定罪他、審判他，那麼我們的對談肯定不會產生什麼效果。

我很清楚地知道父親給我的童年帶來很多失落及失望的經驗，所以難免有一套「完美標準的父親」手冊投射在其他爸爸身上。

我時常會掉入一種慣性，就是去審判沒有功能及做錯事的爸爸們。我覺得要是把對自己父親的不滿投射在眼前這個身為爸爸的男人身上，對他，是不公平的；對我身為他的助人者，也是沒有幫助的。

說穿了，不是眼前的這位爸爸激怒我；其實早在我成長時，那個讓我失望的父親激怒了我。

當眼前出現一個又一個功能不良的「父親」時，我要如何試著學習把自己童年時對父親原有的怒氣擱在一旁？這是很重要的功課。這也是老天爺的善意，祂要我學懂在這些經歷背後，我如何去包容及愛護一個「不完美」的父親。

我愈能把自己的憤怒擱置一旁，才愈能看懂眼前這位父親正經歷著什麼。

我並不是在壓抑或者不去處理自己的氣憤，只是暫時把這股氣擱置一旁。甚至說得誇張一點，我是把我的憤怒「掛」在輔導室外，結束對談之後，再把屬於我的憤怒「認領」回來。

我的憤怒，看似是他引起的，但是他不需要為我長年累月所堆疊的憤怒而負責任。我需要在當下覺察到，自己內心大部分的憤怒都與眼前這位爸爸無關。

當「現在」與「過去」的畫面重疊，你有什麼感受？

很快地「安頓」好自己之後，我帶著關心的口吻繼續詢問：「你看到的那個自己，幾歲？」

「七歲。」

我問：「你是不是想要告訴我，那天你不只是打著你兒子，同時也覺得你在打著七歲的自己？」

「不是。我只是『看見』那個被打的自己，我並沒有『打』自己。」

「所以那個七歲的自己是被誰打？」

「我父親。」

大部分打小孩的男人，他們的童年也曾遭受過自己的父親鞭打。

他這番話背後是在說著一個現象：**當初爸爸打他，現在他打兒子——這一代傳一代的家暴畫面重疊了。**

這也是在對我訴說著一個生命狀態；**很不幸，他逐漸成了自己小時候所討厭的那個男人。**

這是一項很沉重的代際傷害，也是一個不停輪迴而無法走出來的詛咒。單單聽這些故事都覺得感慨，更不要說是當事人自己經歷其中。

寫到這裡，我想起尼采在《善惡的彼岸》裡書寫的一段話：「與怪物戰鬥的人，應當小心自己不要成為怪物。當你凝視深淵時，深淵也在凝視著你。」

意思很簡單，那就是說：當你用童年所有的時光永遠只對著一個人察言觀色，你把他所有的一舉一動都記在心裡，你學起來了，而且長大後，你也成為他了。

我平常不敢直接詢問男人有關他們的感受，因為大部分的男人是不懂得回應我這個問題的。

但是這一次，我感覺這位父親的情緒太滿了，於是冒險問他：「對於你『看見』你爸爸在打著七歲的自己，還有你正在打著九歲的兒子，這兩個畫面重疊時，你有什麼感受？」

他看著我。

「我不知道。」

又是很內疚及無辜的眼神。他很努力地不讓自己的眼淚掉下來。

我邀請他：「你介意跟我說說小時候，尤其是七歲那一年，你經歷過什麼嗎？」

（待續）

● 給男性：

你覺得你的父親認為男性必須具備什麼條件，才算是一個男人？他運用了怎樣的言教及身教，讓你從一名男孩成為一個男人？

你的母親如何定義一個好男人？她又用了怎樣的言教及身教，來教導你成為一個男人？她是如何描述你的父親？她又是如何描述她自己的父親呢？這些描述，對你而言，是否有重大的影響？

你自己呢？你有沒有服從或反抗父母帶給你的言教及身教？你認為男性必須具備什麼條件，才算是一個男人呢？

我為自己感到難過，也為兒子感到抱歉

有人救他的兒子，但是在他童年時，沒有人救他。

【前情提要】一名對九歲兒子家暴的爸爸，在妻子要求下，找馮以量會談，唯有如此，他才能再看到兒子。他是以量從事助人工作多年來，第一位出現在輔導室的家暴父親。而他開口便說：「當我用皮帶抽打兒子時，我看見小時候的自己。」那個七歲的他正被自己的父親狠揍——當初爸爸打他，現在他打兒子，一代傳一代的家暴畫面重疊了。

我邀請他：「你介意跟我說說小時候，尤其是七歲那一年，你經歷過什麼嗎？」

眼前這位父親，他沒有辦法完整地描述小時候的經歷。對談裡留了很多空白及很多沉默。整個訴說的過程，是散亂的。稍不留神，我便聽不清楚或聽不明白他的闡述。

我不怪他。我知道所有他想要告訴我的故事裡面，有太多小時候家暴所引發的恐慌及懼怕，而且這些都是他不曾在別人面前述說的。

我無法在此整理出他所經歷家暴的年分及次序，但是小時候，他被打的次數很頻密。

他曾經在深夜裡被爸爸反鎖在儲藏室內，直到天亮。無論他怎麼哀求，都沒有人敢給他開門。

他爸爸可以毫無理由就一巴掌打下來，臉部會瘀青及紅腫。當老師問起發生什麼事，媽媽教他如何向老師編一個謊言：「是因為騎腳踏車跌倒而弄到的。」

他親眼目睹哥哥被爸爸扯著頭髮，丟出門外。爸爸把大門鎖上，不讓哥哥進門，他跑去求情，結果自己也被爸爸丟出去。

他說：「這些都不是發生一次而已，是發生過很多次。」

每一次被打，不管他怎麼求饒，都無法停止家暴的發生。

當他述說這些經歷時，我發現前一週他兒子眼神所散發出的恐慌，以及當下他眼神所散發出的懼怕，是一樣的。

他和他兒子，站在「孩子」這個角度上，兩個人都同樣有個會打孩子的父親。

冷漠及沉默，是他兒時求生存的方式

後來，他說得更多：曾經在浴室裡，父親把他的衣服和短褲撕爛，然後拿著水管不停地鞭打手無寸鐵的他，打到遍體鱗傷，再用冷水倒在他身上，把他反鎖在浴室內。等到爸爸睡著，媽媽才偷偷地把飯菜從門縫塞進去給他吃，然後媽媽再繼續把門鎖上。

我追問：「為何你媽媽如此做？」

「如果任何人幫我，都會被打，而且打得更厲害。」

我如此詢問，無非希望他的母親可以救他。就像這位男性的太太及他的岳父，先把他的兒子放在一個安全的環境裡。有人在救他的兒子，但是在他童年時，沒有人救他。

我不意外他媽媽也是家暴的受害者，那是一個沒有辦法拯救孩子的受害者。我相信他媽媽內心比所有人都更羞愧。她保護不了兩個兒子，但她找到一個生存方式，就是沉默不語，這樣可以讓家暴不再惡化。

她都叫孩子忍一忍：「爸爸在外面的工作壓力很大。我們不要再激怒爸爸。」

我聽了，更難過。

即便輔導員或社工幫忙孩子聲請個人保護令，有些女性還是帶著孩子回家，然後讓家暴事件繼續發生在小孩身上。是母親的沉默許可，才讓父親的家暴行為更肆無忌憚。

我問：「那你怎麼保護自己？」

「根本就不可能保護自己。我每一天的願望就是希望當天爸爸打的是哥哥或媽媽，而不是我。」

他繼續讓我知道：「我也不能哭。我愈哭，爸爸打我打得更凶。哥哥也會笑我像個女孩、愛哭鬼。媽媽也求我不要再哭了，她已經夠煩了。」

所以，他只好盡量保持安靜，不吵鬧、不玩耍、不大聲說話。這樣子做，就不會激怒爸爸去打任何一個家人了。

看似他們三人都找到一個活下來的生存方式，那就是大家繼續冷漠，保持沉默。

但是要一個小男孩從小就用冷漠及沉默來求生存，這又能夠讓他學習到什麼呢？

壓抑的情緒，隨時可能被引爆

一個男孩要如何變成男人，是每一位男性必經的成長過程。

這過程裡，有三個很重要的角度影響他：

第一個：父親如何看待兒子的生命。

第二個：母親如何看待兒子的生命。

第三個：男孩如何看待自己的生命。

這三個角度，會決定男孩長大後成為怎樣的男人。

簡單來說，我眼前這位男性，爸爸攻擊他的生命，媽媽保護不了他的生命，而他用冷漠及沉默來求生存——試問他長大後，會成為怎樣的男人呢？

請允許我多說一些。

我眼前這位男性，是一個經歷無數次家暴的小男孩。

沒人有辦法保護他，不得已，他當初希望透過流眼淚來表達對父親家暴的懼怕、無助及難過。但是他被哥哥羞辱，也被媽媽嫌棄。凡是被羞辱且被嫌棄的情緒，我們都會決定壓抑它們，而不再展現它們。

這導致小男孩不敢生氣，也不能哭泣。所以，他只好以冷漠的表情來壓抑自己內心林林總總的情緒。他誤以為那叫做堅強。

但是，**所有被壓抑而且凝固已久的情緒，從來都不曾消失；如果我們不透過眼淚來流動這些很難啟齒的情緒，那麼我們就會以拳頭來發洩它。壓抑在生命深層底下的情緒，它們只是在等待某一個時間點被引爆而已。**

這也是為何當小男孩長大變成男人時，他有很多說不出的憤怒，動不動就要以暴力來解決他所不喜歡的人、事、物。

如果眼淚可以哭出來，是為誰而哭？

他說了這麼多，我適時地表達感謝：「說真的，你是我在這麼多年的輔導生涯中，遇見的第一個如此願意和我分享過去自己被家暴故事的男性。我很謝謝你。」

他搖搖頭：「其實我們不好意思來做輔導。」

我問他：「家醜不可外揚？」

「在某個程度上，是的。就像我爸爸，他說如果我們把事情說出去，他會把我們打得更凶。其實我很早以前就原諒爸爸了，因為我爺爺對他更不客氣。他小時候是被綁在樹上，然後任由爺爺用竹筒抽打的。」

「你和你的爸爸、你的爺爺都有一個共同點：你們都用打、罵的方式來對待孩子。」

他坦言：「我和他們不一樣。我比他們好多了。」

「我相信你。不過，你不要忘記，你爸爸也是這麼對你說的。」

「我以前沒有打過我兒子。但是我必須承認我不喜歡吵鬧，只要兒子在家裡吵鬧，我就一把無名火起來。我想打他很久了，但是都很認真地壓住自己的脾氣。可是那一天，我忍不住了。」

「那一天，發生了什麼？」

「我兒子要求我買一輛昂貴的模型車。我告訴他等他過生日，我會買給他。但是他一直吵，吵了足足有一個多小時，然後很大聲地對我說：『我不喜歡你！』所以我……」

「所以你拿皮帶鞭打他，直到他向你說對不起？」（以他太太的描述，他是變成了「另外一個人」，任由太太怎麼喊他，他都拚命地鞭打兒子。這個舉動讓太太和兒子都害怕。）

「是的。」他不好意思，停了下來。

我們沉默了幾秒。

「我們還可以繼續嗎？」

「可以。」

「當你聽到兒子對你說他不喜歡你的時候，你有什麼想法？」

「我都已經這麼盡力了，而且我很努力地成為一個父親。我告訴自己這輩子不要再像我爸爸。我爸爸打人是沒有原因的。」

「所以你想告訴我：你比你父親好多了，你的兒子不應該說他不喜歡你？」

「如果我父親是他爸爸，他早就被打死了。」

「所以你也覺得你的兒子應該被你打？」

「我不是這個意思。我是說，如果我兒子換成在我那個年代，他真的不知道死字怎麼寫。」

「你生氣的背後，其實是想要說什麼？」

「我不是我爸爸，我做得比我爸爸好多了。當我聽到兒子這樣說我……」

他哽咽，無法把話語完成。

「你說到這裡，怎麼啦？心裡面碰觸到什麼？」

「我曾經對自己發誓，這輩子我不要像我爸爸，我不要成為我爸爸。但我很失敗，還是成了一個會打兒子的爸爸。」

「所以，你因為這件事而失眠？」

「是。我一直在想，為什麼那天我不能稍微冷靜一下。我的孩子是無辜的。」

「就像你，你當初也是無辜的。」

「是。」

「我們都知道打孩子是錯的。我們不需要刻意去加強打孩子所帶來的挫敗感，我不想要我們的對談走去那個讓你感到挫敗的方向。但是，我想要知道你剛才碰觸到自己什麼？」

「我不明白你的意思。」

「我可以把話說得直白一些嗎？」

「可以。」

「你現在眼睛裡的淚水，是為什麼？」

「什麼意思？」

「這些眼淚，我看到你從一開始到現在都很努力地控制著，不讓它流下來。好幾次，你說到傷心處，都很努力地不讓自己哭。**如果這些眼淚統統都可以哭出來，這是為誰而哭的？**」

「為我自己。也為我的兒子。」

「你多說一些。」

「**我為過去的自己感覺到難過，也為我的兒子感覺到抱歉。**」

說完這句話，他的眼淚就落下來。

他的眼淚，終於流動當年他內心對自己的心疼，以及現在對兒子的愧疚了。

我選擇不再追問，反而說了一句：「謝謝你。」

他不好意思，連忙避開我看著他的眼神。

謝謝你沒有批判我

我們共同沉默幾秒，接著他再次抬起頭，看著我。

我對他說：「我看到你的悲傷。你願意再多分享嗎？」

「我不是悲傷。」他激動地說：「謝謝你，謝謝你。謝謝你沒有批判我。」

他無法按捺心中的激動，向我說謝謝之餘，索性以雙手蓋著自己整張臉，不停地哭泣。我的眼睛也隨之紅了。

我也把雙手放在胸膛前，試著去感謝自己，是自己在對談一開始的時候，決定不要用審判的眼光去看眼前這位對兒子家暴的「父親」。

我曾說過每一個壞小孩，都曾經受傷過。我相信每一個家暴的爸爸，也是一樣，曾經傷痕累累。

我感謝自己當下把對他的憤怒「掛」在輔導室外，才能陪這位「爸爸」貼近自己內心的難過。

我繼續安靜地在旁，讓他心中的情緒持續流動。

我不想干擾，也不想把手放在他的肩膀上（那是我一貫的動作，以給案主非語言的支持）。

我相信他有自己流動情緒的節奏及步伐。

此時此刻，**他的痛苦沒有再被哥哥羞辱、沒有再被母親嫌棄，也沒有被我這個助人者批判。**

這當下，他不需要再以冷漠來對待自己的過去。

我知道他心中還有許多不曾消化、也不曾表達，更不曾好好地被諒解的創傷。但，我不再詢問，也不再探索。

我知道要是在當下主動地繼續切入及詢問，對他來說，是一種無禮的侵犯。

我選擇安靜地在旁。

我看著他，給他微笑。我的微笑，讓他哭得更厲害。

我微笑著對他說：「謝謝你給我的謝謝。」

眼前這位既是父親、也曾是小男孩的男性，**能如此願意靠近自己內心的脆弱，讓我覺得這才叫做堅強。**

（待續）

給男性：

一般的男性比較傾向於壓抑哀傷、推開無力感，以及發洩憤怒。男性彷彿像是一枚又一枚會被引爆的不定時炸彈。身為成年男性的你，每當觸碰到自己的哀傷、無力感及憤怒的時候，你是如何在別人面前展現你自己呢？你是否覺察到有哪些感受會被你壓抑、推開或宣洩？

你曾經有過表達這三種感受的「成功經驗」嗎？成功意味著，當你表達真實及脆弱的自己之後，沒有人批判、羞辱及嫌棄你，你反而是能被他人溫柔地接住。你有過這樣的經驗嗎？如果你有，恭喜你。如果你沒有，就請你不妨從接住自己的真實及脆弱開始學習。我們學習不壓抑、不推開、不發洩，而是接住所有屬於你最真實的情緒。

成為自己想要的父親

「連結自己內心的脆弱」是男人一輩子很重要的功課，但也是最困難的功課。

【前情提要】男人向馮以量尋求輔導，因為他突然失控，暴打了兒子。回首兒時，他也是個家暴受害者。爸爸攻擊他，媽媽保護不了他，哥哥嘲笑他哭泣。他每天只能痛苦地希望當天爸爸打的是哥哥或媽媽，而不是自己，也只好用冷漠及沉默來求生存——然而，壓抑在生命深層底下的情緒不曾消失，只是在等待某一個時間點被引爆。

好多人都說男人需要好好地學習如何管理自己的憤怒（anger management），這話說對了一半。我覺得除了憤怒，男人也需要學習如何管理自己的哀傷（grief management）。除了學習表達憤怒（並非發洩憤怒），男人需要學習如何面對及表達自己內心的哀傷與脆弱。愈不懂得表達自己內心的哀傷及失落，就愈會以發洩憤怒來代替。

這是怎麼形成的？讓我慢慢告訴你。

眼淚，被羞辱深深地掩藏

每一個有暴力的爸爸，他的難過曾經被羞辱。

有些小男孩流眼淚，引來大家的回應是羞辱他的脆弱，用一些不堪入耳的話語來形容他的脆弱及眼淚。

一旦小男孩的眼淚被羞辱，尤其是來自於爸爸、媽媽或重要家人的羞辱，小男孩就只能把真實的脆弱情緒藏起來——藏到他忘記了自己是有眼淚、傷心及脆弱的。

把脆弱藏得愈好的男孩，長大後都變成不會哭的男人，心裡對人們更難產生同理，更別說慈悲及關心。因為我們讓許多小男孩從中學習到，我們需要否定及取笑別人的懦弱，才代表自己的強大。任何一個男人要是展現脆弱，我們笑他就對了。

曾被羞辱的男孩，長大後，外表看起來是個很堅強的男人，但是內心就只剩下許多不堪的坑坑洞洞。別人很有可能完全看不見；然而，男人們的內心長成什麼樣子，只有他自己最懂。

不懂得表達內心的脆弱及哀傷，是成年男人生活中很大的壓力來源之一。可悲的是，到最後他自己也將之內化，變成了那個瞧不起其他小男孩流眼淚的大男人。

暴力，因模仿而代代相傳

每一個有暴力的爸爸，他的憤怒是模仿的。

要是在一個家庭裡，「男人打孩子」是件被大家默許的事，即發洩怒氣、無理打人是被允許的，那麼透過模仿而學來的這個行為，就是壓力最好的出口。

只要心裡不舒服、難過，或面臨解決不了的難題所帶來的壓力，就會想發洩、打人。這也是為何如果一個男人不會流眼淚，他就會想要找人來打。那是他從小就模仿學來的壓力出口，爺爺教爸爸，爸爸教他的。這都不是言教，而是他從小到大看在眼裡的「身教」。然後，他就會去模仿及複製，成為傳承家暴很重要的人物之一。

爺爺打爸爸，爸爸打他，現在輪到他打兒子；未來，我們也可預見兒子會打孫子……暴力，因為模仿就這樣代代相傳了。

憤怒及無力，聚生為情緒的不定時炸彈

每一個有暴力的爸爸，他愈無力，他就愈憤怒。

你試著想想：一個男孩從小就看著爸爸打媽媽和哥哥，自己怎麼樣也救不了他們。年紀小小，就體會了自己做不了拯救者，反而還一同成為被打的受害者。

心裡對媽媽的無力感、對爸爸的憤怒，這兩種感覺長年累月地被綁在一起。

這也是為何長大後的他感到愈無力，他就愈憤怒。因為憤怒那一刻讓他感覺自己彷彿掌控了一切。打人的行為是剝奪別人的自主權，而這種剝奪的力量，讓他誤以為自己很強大。

這也是為何很多時候，我們不明白有家暴經驗的成年男人為何這麼容易被激怒，他的地雷怎麼這麼多。

到最後，他被複製成一枚隨時會引爆的不定時炸彈。他控制不了自己的憤怒，內心持續羞辱自己的哀傷，也會試著推開自己的無力感。

一個有家暴行為的男性，他的內心是很複雜的。但，你從來無法在他的臉部表情看見。

試著表達哀傷，並表達無力感

所以，當我聽到眼前這位有家暴行為的父親願意用眼淚及語言來表達內心話：「我為過去的自己感覺到難過，也為我的兒子感覺到抱歉。」我是替他歡呼的。因為這非常珍貴。他表達自己的哀傷，並表達自己的無力感。在那一刻，他並沒有唾棄、羞辱及推開自己內心任何複雜的情緒。他不需要用一巴掌、一拳頭、一皮帶或一藤條來壓抑自己內心複雜的情緒。他願意與自己有更深的情感連結，這是很珍貴的經驗——

「連結自己內心的脆弱」是男人一輩子很重要的功課，但也是最困難的功課。

見他流淚，我選擇不遞上任何紙巾，其實也是在暗示著他：**男人流淚是被允許的**。我感嘆，但沒有把內心話說出來：要是當初你被爸爸打的時候，你的眼淚所流出來的難過有家人願意用心接住它，你就不需要坐在輔導室裡了。

我讓他自己擦掉眼淚、平復心情之後，詢問：「你最近流淚是什麼時候？」

「很多年了。我不在別人面前流下眼淚。」

「其實在生氣背後是有很多情緒的：其中一種是『難過』，就像你剛才所說的，你為小時候的自己感到難過；還有一種是『抱歉』，你為你的兒子感到抱歉。當你愈能靠近你自己的難過及脆弱，就不需要用皮帶來發洩你的憤怒了。」

「嗯。」

用「長大後更成熟的你」的角度，看待你兒子

「你的兒子，樣貌像你，還是像你的太太？」

「他像我。」

「性格呢？」

「他像小時候的我，很多話、很吵、很鬧，很喜歡問為什麼。」

「聽起來就是很難搞的小孩。」我笑著回應。

「是，真的很難搞。」他自己也笑了。

「如果你**試著接受你孩子的吵鬧，其實也等同於重新學習去接納小時候的你。**你怎麼看？」

「嗯，我不曾用這個角度來看待，不過我覺得很有趣。」

「是的，你不需要運用你爸爸的角度來看待你兒子，你可以試著用『長大後更成熟的你』的角度來看待你兒子。你的父親不喜歡吵鬧，但這不意味著你不喜歡吵鬧。就像你所說的，你小時候也是很吵鬧的。」

「我很喜歡這樣的說法。」

「當有了一個新生命到來，每一位父母彷彿重新陪著孩子在成長的路上走一趟。當初我們如

何被父母對待，成為家長後，便難免會用父母對待我們的方式去對待我們的孩子。」

「所以我要學習的還有很多。因為我懂的方式只有兩種：一就是壓抑，二就是發脾氣。」

「我覺得你還會表達。你的表達能力很強，而且你懂得表達內心的感受。這一點，我猜你爸爸可能就不如你這麼有能力了。」

「我從來沒有聽爸爸講過心事。都是我姑姑說要多體諒他一點，他的童年也是很可憐的。」

「如果我說，你剛才講的那句話其實也是爸爸的心裡話，只是他沒有辦法說出來而已呢？」

「哪一句？」

「你說：『我為我自己感到難過，也為我兒子感到抱歉。』」

「我不相信我爸爸會這樣想。」

「為什麼呢？」

「我常覺得小時候差一點就被爸爸打死了。我不覺得他會難過，也不覺得他打我會感到抱歉。」

我知道這句話背後是有很多被暴打的創傷，還沒有全然消化，所以急不來。我也不想隨意地道德綁架，要他在當下原諒父親。原諒與否，不是今天對談的目標。

我的本意是希望這位男性能看見，**每一個爸爸內心都有其脆弱的面貌**。可惜，他當初的童年經驗過於恐懼及劇烈，這真實的感覺，在目前，促使他覺得爸爸是一個沒有任何感受且殘暴的加害者。我決定要尊重他的看法。

畢竟，這次的對談重點不在他的父親，反而是**他要如何做一個他自己想要的父親**。

我邀請他：「嗯。我們今天談了快要一個小時。還會再來嗎？」

「會。我有一個建議，要是你也不介意的話，我想讓我太太知道我過去的事，你覺得適合嗎？」他說。

我回覆：「如果想要用過去的創傷來讓太太接受你現在的過錯，我覺得不適合。」

「嗯，我知道的。我太太不曉得這些過去，而我也從來沒有提起。即便她好奇地問過我為何不曾提起童年，我也是模糊帶過。不曉得可不可以透過你，讓我太太知道我有這些過去？我沒有打算要她原諒我，只是希望她不要放棄我。」

「那麼，我會建議你要親自邀請太太哦！」

「會的。她其實在等我的回電，她知道我今天來這裡接受輔導。」

「好的。最後的最後，你還有什麼話要對我說？」

「沒有了。謝謝你。」

「我還有話要說。我們剛才經歷了一次很有意義的對談，主要是希望我們這一代男性能用比較溫和的力量來結束家暴。我很感謝你的開放，也很感謝你的參與。你讓我學習好多，也讓我參與好多。未來的日子，我希望能和你及你的太太一同去探索，我們成年人到底可以如何用更溫和的方式來建構一個家庭。」他認真地聽，我就繼續說：「要是你們夫妻倆可以堅定地走下去，我想，你的兒子就不需要重複你童年時所經歷的一切，讓你們一家三口一同改寫你的家族中，未來所有男性及女性的命運。對於想要改善的意願，我非常感謝你，以及佩服你。謝謝你成為我的個案。希望你能收下我對你的欣賞及感謝。」

我衷心地合掌。

他也連忙合掌，給我一個微笑。

最後，他伸出雙手，把我的雙手握得緊緊的：「我們下次再見。」

一個有暴力的父親，可以主動結束代際相傳的黑暗

這個世界不是所有家庭都有絢爛的陽光，有些家庭只剩下陰暗的深淵，而維持好幾代。但是不管如何，有些成年人依然相信自己值得擁有更美好的生命。所以，不停掙扎、不停努力，即便失敗好多回，依然堅持，讓家庭的傷害減到最低。

後來，他和他的太太接受輔導長達一年半，一個月我們對談一次。事後他也不時聯繫我，成為我生命中很重要的案主之一。

我想，透過這個過程，他們夫妻倆的共同努力釋放了兒子。他的兒子長大後不需要走入輔導室求助，他的兒子不需要成為那個迷失且充滿憤怒的男人，埋怨爸爸的粗暴，憎恨媽媽的軟弱。

一個有暴力的爸爸，內心有著這麼多憤怒、哀傷及無力感，他還能做什麼？答案肯定是他能主動結束這代際相傳的黑暗，把陽光帶給兒子，不再讓孩子繼續凝視深淵。

給已婚的男性：

父親對待你及你對待小孩，這兩者是一樣的嗎？還是不一樣？有哪些正面／負面的畫面，重疊在這三代裡？父親有哪一些美好的或不好的特質，你留給了自己，也傳給了小孩？

9 做「足夠好」的兒女就好

我要讓自己的生活，回歸自己

我們都無須做完美的兒女，我們有自己的海洋要啟航，我們有屬於自己嚮往的遠方。

這位案主二十八歲。她突然不再熱愛工作、不再如往常開朗，而且頻頻失眠；一說起自己家裡的事，就嚎啕大哭。她的未婚夫一一看在眼裡，很擔心她。

起初，未婚夫叫她找個輔導員談一談，她拒絕未婚夫的建議。他知道她喜歡閱讀我的書籍，因此特地寄給我一封電子郵件，一一細說自己對未婚妻的擔憂，希望我和他的未婚妻談一談。

就這樣，在未婚夫的說服之下，她同意和我進行將近半年的輔導對談。

第一次見面時，她說她喜歡聽類似《海洋奇緣》（Moana）動畫電影的主題曲〈How Far I'll Go〉，聽了能讓她的心比較安穩。會談後，我找了這首主題曲的歌詞來看一看——嗯，明白了：歌詞所寫的是一個住在島嶼的女孩，除了盡力成為父親心中「完美的女兒」這個角色之外，她也站在沙灘上，遙望著海洋，心裡好奇著海洋的另一端是一個怎樣的地方……

我的案主也很想要像《海洋奇緣》的女主角一樣，有著對自己生命的規劃及嚮往。但是，她心裡有一個牽絆，那就是她的爸爸。

父親生命裡的苦澀，孩子吸收了

她的爸爸和一般的爸爸稍微有些不一樣。他沒有辦法好好地管控自己的情緒，不僅會自傷，也傷人。

他們一家四口住在一起：父親、母親、哥哥和她。基本上，人少不複雜，但是因為有位情緒不穩定的父親，導致互動很糾纏。

這三位家人和他的互動所產生的認知都不一樣：在媽媽的眼裡，丈夫是一枚隨時會被引爆的不定時炸彈；在哥哥的眼裡，爸爸是會毆打小孩的大魔王；就只有在案主的眼裡，爸爸是一名童年受創的成年男性。

她因熱愛閱讀，讀了一些心理學的相關書籍，清楚地知道爸爸曾經也是那個在原生家庭裡受傷的男孩，現在他變成了一個不受家人歡迎的男人。

她說：「我爺爺打人比我爸爸打我們凶多了。爸爸說爺爺是用繩子把他吊起來打，他就會被棍子亂揍，那是很可怕的。」

爸爸近乎每晚都需要利用菸、酒麻醉自己，才能入睡。

無論她如何盡心盡力，都沒有辦法改善其他家人對爸爸的看法。她甚至埋怨媽媽和哥哥，為何沒有人可以站在爸爸的角度，多體諒他的受傷及無助。

有時候，爸爸會在家裡不停地提高音量大喊。她請他不要再喊了，但他說：「如果能把不開心的事情喊出來，我會比較好過一些。」

她對爸爸說：「但是我很害怕。」因為她知道如果媽媽或哥哥惹毛他，暴力又會在家裡出現。她也被打過，所以靠近父親的時候，她也是害怕的。

有時爸爸會聽她的話，乖乖回臥房去，而她會握住爸爸的手，直到他睡著。甚至有時候，爸爸會流著眼淚對她說：「我有你就好。」

眼前的女案主細膩、善良並乖巧。

但是她不知道，**她一點一滴地在吸收著父親生命裡還未消化的苦澀。**

小時候的你，是屬於「誰」的呢？

我常在講台上詢問觀眾：「請問你們小時候是屬於誰的呢？」

基本上，這個問題的答案有五個：有些孩子是屬於母親的；有些孩子是屬於父親的；有些孩子是同時屬於父親及母親的；有些孩子則是屬於其他長輩的（如：祖父母、大伯、小姨等）；有些孩子沒有這麼幸運，孤單的他們是屬於自己的。

顯然地，案主的父親在小時候是屬於他自己的——他孤單，有很多被虐打的經驗。而我眼前這位案主是屬於爸爸的。她心繫爸爸，雖然未必能從爸爸身上得到很多關愛，反而倒過來，她是那位特別貼心的女兒，給予爸爸情感上的支持及需求。**扮演著「小大人」的她**知道爸爸的生命很苦、很苦。

她的同理心偏高，並且待人處事特別細膩，又懂得察言觀色。我一直覺得那位父親能夠擁有像她這樣的女兒，真是三生有幸。

但是，她的苦呢？有誰可以聆聽她的苦？

當一個孩子不停地為原生家庭付出，承接上一代創傷所帶來的一切負面效應，誰來照顧她受傷的心靈呢？

為什麼我們這一代要受上一代的苦？

因為經濟壓力，導致爸爸的情緒更不穩定。有次父子倆發生爭執，衝突之下，爸爸拿著菜刀往她哥哥的頸項砍去。哥哥為了保命，連忙逃離家園，自此之後，再也不願回家。

他對媽媽說：「一個會想要殺死自己兒子的男人，不是好爸爸。我不認這樣的男人做我爸爸。」

這些話語，再次讓爸爸的情緒不穩定，自殘而被送入醫院。她差點失去哥哥，同時也差點失去爸爸。

這一回，她承受不住這些苦了。本來以為這一輩子，就是不停順應著爸爸的需求，持續分擔爸爸的痛苦，便會相安無事。但是，長年累月扛著的痛苦，一波又一波，她消化不來。而眼前這件事的發生成了壓在駱駝身上的最後一根稻草，她完全招架不住。

坐在輔導室內，她不停地哭，不停地重複三道問題——

第一：「為什麼原生家庭這麼恐怖?!」
第二：「為什麼我們這一代要受上一代的苦?!」
第三：「我爸爸在小時候到底經歷過什麼？一個生命居然會被扭曲成這樣?!」

她把我給問倒了，我很誠實地告訴她，我沒有答案。但是，如果由她自問自答，她會如何回應？眼神堅定的她說出一句鏗鏘有力的話語：「這都不是我的錯！」

這不是你的錯

當天晚上，我收到一封來自她的電郵。她寫了一篇文章，題目是：〈這不是我的錯〉。

這不是我的錯。我不可以倒下。
我要讓自己的生活回歸自己。
我沒有必要承擔別人的過錯。
他的生命，他決定。我只管好他的生存狀態，其餘的已經跟我毫無關係了，我選擇不再維護錯的行為。

我必須勇敢做自己。我一點都沒有錯！

我知道最乖的孩子一定傷得最重。在當乖孩子的同時，我可以選擇什麼時候應該要乖，什麼時候應該要做自己。

我是有能力選擇的！我要選擇愛我自己！

我沒辦法主宰別人的生命，但我要主宰自己的生命！

我也不知道前方對我的呼喚是不是對的聲音，不過沒事，勇敢踏步吧。

我不完美，但是我是完整的，也就因為我完整，我才有能力往前踏一步。即使腳下是爛泥，我也不會往下沉，因為我是完整的。

這都不是我的錯！

我們無法拯救父親受傷的生命

讀了她的信件，不禁讓我想起著名電影《心靈捕手》（Good Will Hunting）裡，教授對年輕人說的一句經典對白：「It is not your fault.」（這不是你的錯。）是的，這不是任何一個孩子的錯。爸爸的失功能不是女兒的錯。爸爸的自殘及他殘，都不是女兒的錯。

要一個心靈如此柔弱的成年女兒去承接這些上一代所帶來的過錯，我看了是很心酸的。

對於從小就缺失「父能量」的男性，我其實並不很樂觀他們能憑著一己之力來扭轉乾坤，長大後就能打造屬於自己幸福美滿的生活。真相是等到他們自己也成為爸爸的時候，他們像自己爸爸的行為展露無遺而不自知。畢竟，並不是所有的男性都能改善自己的生命，也不是所有的男性都能轉化自己童年時所面對的創傷，所以這些傷口，就像膿疱般繼續在長大後的男性內心潰爛，而且繼續蔓延及擴散至下一代的生命裡。

為了阻止這些傷害持續影響成年孩子的生命，我常告訴案主們：「**如果我們無法處理外在的關係，我們也要與自己和好相處。**我們輔導的目標，就是不要讓外在的事件不停地傷害你。」

甚至有時候，我很想對他們說，請和父親保持一段安全的距離。但是總說不出口，我知道這些話很傷人，因為孩子是如此愛著自己的爸爸。

所以每一次和這位女案主對談，我都在探討：**我們可以學習如何好好地定義父女之間的「邊界感」，爸爸及女兒的界線畫在哪裡，才感覺不踰矩、不受傷，重新學習自己要如何做爸爸的女兒。**

「做好兒女這個角色，往往都會成為受傷的角色。」這是我不時提醒案主們的話語：「其實**做一名足夠好（good enough）的兒女，就好了。我們無法拯救爸爸受傷的生命。**」

然而，知易行難。陪伴案主的旅程，她的心情每每會因父親的心情狀況而起起伏伏。

我自認這半年，我並沒有好好地接住這位案主受傷的生命。但是，至少能夠和她一同釐清父女界線，提供空間讓她坦承流動於心裡那很複雜的情緒。

半年後，我們結案了。

只需「聆聽」，不去承接

當我寫這本有關父親的書時，不禁想起了她。想起她在我面前，對著我說：「這——不——是——我——的——錯。」

她那篤定的眼神，讓我留下深刻印象。於是在結案兩年半後，我主動寫了一封電郵給她，得到她的允許，她說可以把她的故事寫出來。

在回信中，她也順道告訴我近況。

以量老師，你好，我願意讓你把我的故事寫進你的書裡。

我近來算是過得很好，我有好好愛自己，好好過自己的生活，好好順應生活的一切事物。然而有些傷痛和恐懼未必已經抹去，發生過的一些畫面還會歷歷在目，每一次浮現，我就會告訴自己，沒事的，沒事的，都過去了。現在的我可是好好地過著自己的生活。

我也和我的未婚夫結婚了。婚後的生活，我的丈夫讓我看到了很多的活法。人生沒必要侷限自己，我非常感謝他一直守在我身邊。我失落和哭泣時，他總是無聲無息地陪著，默默用他那不細滑的手給我擦淚，擦得我眼睛好痛。每次的悲傷湧上，他總是這樣地陪著我。

目前的我還是需要面對我的父母。但是我的心境不同了。我學會了做我能力範圍內能做的事物，不去承擔他們的情緒和他們的關係線。我偶爾會非常氣他們對我不合理的訴說和抱怨，但是現在的我學會了只是聆聽，不去承接。

目前的我，除了上班、下班、吃和睡以外，還有運動和靜坐。這些都讓我平靜了不少。還有的是，多了一個小生命正在陪伴著我，已經懷孕五個月了，他正在努力地長大，偶爾餓了，他的情緒會有些波動的抗議。每晚最期待的是爸爸給他講故事，故事時間時，反應總是特別多。我們很期待跟他見面，非常感謝小生命選擇了我們成為他的父母。

我的生活好像是翻篇了，翻到了另一個章節，但是偶爾卻需要回翻，翻翻那陳年舊事，不過我覺得沒事，我可以慢慢走過的。只有接住了，才能夠穿越。

鬆開背負的纏結，讓自己走得更遠

讀著她給我的回信，感觸很深。

真好，她的生命翻篇了。目前這一個章節，有著先生溫柔地呵護著，而且期待一個新生命的到來。她值得擁有如此幸福的生命，畢竟，長大後的我們會知道，我們每一個人的生命終究是屬於自己的，誰也不欠誰。爸爸的生命屬於他自己的，女兒的生命屬於她自己的。我們各自都不要背負誰的生命來犧牲自己，我們選擇「陪伴」就好。

停筆之前，我在YouTube找出《海洋奇緣》的主題曲〈How Far I'll Go〉，讓它的旋律不停地回放。我也認真地看了一下歌詞，尤其是最後一段，特別能形容這位女案主的現況：

See the line where the sky meets the sea? It calls me
And no one knows how far it goes
If the wind in my sail on the sea stays behind me
One day I'll know how far I'll go

我試譯：

看見天空遇見海洋的交叉線嗎？它在呼喚著我……
而且沒人知道，那有多遙遠。
如果我持續揚起風帆，
終有一天，我會知道，我走了多遠。

我們都無須做完美的兒女，我們有自己的海洋要啟航，我們有屬於自己嚮往的遠方。就像我的案主一樣——終有一天，因為你的堅持相信，你會知道，你到底走了多遠。

給受傷的成年子女：

在多年來，爸爸傷害你的經驗裡，你是否能看見這不是因你的錯而引起的？要是父親持續傷害你，你是否能堅持去拒絕？拒絕讓父親持續傷害你，是給自己一份學習，也是給父親一份教育。在這學習及教育裡，我肯定有更大的善意存在著。

10 若不能說再見（good bye），就說再見（good to see you again）

再也沒有人像爸爸這麼疼我了

能夠保護她生命的爸爸走了，這是一份很大的失落。

她來參加我的工作坊。這一次，人不多，大約有十五位參與者。她始終安靜地坐在圈內。當看著一些學員把過去的創傷重新整理，她拿著手帕勤快地抹著眼淚。這眼淚背後訴說著不少的痛苦，但她還未準備好把這些痛苦說出來，所以話不多。

第二天，工作坊最後的三個小時，她懇求學員們把機會讓給她，讓她的過去能夠在這趟的團體裡重現一次。

她說內心一直有一些無法說出口的祕密，導致她常有自殘及自殺的念頭，那是有關小時候的性侵經驗。她一面說明要求，雙手不停地搓著手帕。學員們都很包容，大家願意把這個時段讓給她。

我坐在她旁邊，握住她的手：「你害怕嗎？」

「嗯。」她微微點頭。

「我們待會兒要把那些性侵重演，你會害怕再看到那些畫面嗎？」

「嗯。」她的手不停顫抖著。

「來，我們站起來走一走。」

我們繞著課室的中心走了一圈：「這個圈子裡面將要發生的一切活動都是屬於你的。因為它是屬於你的，所以你想要發生什麼，就能發生什麼；你不要它發生什麼，它就無法發生。這樣說，清楚嗎？」

「嗯。」

「請你相信我，也請你相信自己，還有大家。在這裡，沒有人可以傷害你。這一切的發生無非就是想要幫助你探索自己，繼續成長自己。」

「嗯，好的。」

坐在旁邊的學員們陸陸續續用眼神及手勢為她打氣。

聽到她那肯定的答覆，我們開始工作了。

遭受性侵的害怕、羞愧及憤怒

每一次要學員述說他們在小時候遇到的性侵事件，我都需要非常謹慎地處理這些創傷。除了要照顧當事人受傷的感受，還需要特別留意當事人內心的「害怕」、「羞愧」及「憤怒」，這三大主要感覺。

為什麼呢？

第一，**「害怕」**的感覺是因為當初被性侵時，手無寸鐵。這種懼怕是由於自己毫無能力抵抗。這個感覺不會突然消失，反而會不時出現來破壞當事人對人、時、空的信任。

第二，**「羞愧感」**是來自於有些當事人的親友會扮演審判者，來審判被性侵的受害者。有些人不去當面質問加害者，反而轉過頭來檢討受害者，而所有的話語內容都是很傷人的，譬如：「是不是你主動去勾引別人？」「為何他不來騷擾我，而是去騷擾你？」「是不是你當天穿得太少？」任何用詞不當的內容，都會讓受害者二度受傷。如果當事人也同意、甚至內化這些審判，那麼羞愧感更加導致當事人無法把心中的話說出來。

第三，當事人的**「憤怒」**涉及三個層面，那是對加害者的憤怒、對身旁言語傷害的人表示不滿，以及對自己產生鄙視，認為自己從此以後就不再「乾淨」了。三個層面堆疊的憤怒，會導致當事人討厭自己、憎恨自己。一旦引爆，將會導致當事人在工作坊內再度崩潰。

這些年來的工作中，沒有一位當事人在我的工作坊會重新體驗那些性侵創傷，因為我的工作目的不是要再勾起他們內心的害怕、羞愧及憤怒，反而是提供一個空間，去接住他們多年來獨自承擔的害怕、羞愧及憤怒。

這一次，也不例外。

我陸續把她所說的場景布置好，讓她站在旁邊觀看。並同步請她從學員群裡找一位女性，代替她去經歷那些過往，同時也確保這位模擬當事人的女性沒有過任何受性侵的經驗。

我對她說：「你記得，你不需要再去經歷它，這些畫面早就已經在你內心重映很多次了。我只需要你站在這裡去看它，讓我們更清楚這個小女孩（我指著扮演童年的她的模擬學員）到底在童年經歷了些什麼。」

她點點頭。

生命經歷模擬重現

我們在現場找了些學員同意扮演所有相關角色的模擬人物，讓她重新觀看她生命中兩次被性侵的經驗——

第一次性侵的經驗，那一年，她九歲。我們一同「看見」九歲的她去鄰居家玩，那個大她幾歲的男性鄰居玩伴，當天突然拉她進臥房繼續玩耍，乘機撫摸她的胸部及陰部。她拒絕之後，立刻跑回家找爸爸。當下爸爸為她解圍，可是她不敢把真相說給爸爸聽。不過，終究還是被保護了。

第二次性侵的經驗，那一年，她十三歲。我們一同「看見」年紀比她大些的男性親戚在她家過夜。母親安排這名男性親戚和另一名女性親戚睡在她的臥房，反正大家的年齡相仿，都是青少年。沒想到這名男性親戚在深夜裡，竟然撫摸她全身！

當她看著這個場景時，嚇得全身都在抽動，立即蹲在地上，不斷用拳頭敲打地板，然後吶喊：「爸爸～～～」

爸爸，你在哪裡？

一個受害的小女孩被性侵的當下，她需要什麼？

很明顯地，她需要有人來保護她、拯救她，確保加害者不能得逞。在她眼裡，「爸爸」就是那個能保護她，而且值得信賴的大人。

看見她蹲下，吶喊著「爸爸」，我連忙對著所有模擬成員說：「來，我們大家拆景，請大家坐回原位。這個畫面，對我們的當事人來說太厚重了。謝謝你們。請你（我對著扮演童年女孩的女學員說）坐在她的旁邊，我想邀請你和我一同去陪著她。」

我們兩人安靜地坐在地上，陪著不停哭泣的她。

她多次吶喊：「爸爸～～～爸爸，你在哪裡～～～～？」

現場很多學員聽了都紅著眼睛。因為我們都知道如果當下有爸爸，這一切性侵的發生以及所有當初她面對的傷害就會因此消失了。很可惜，真相是爸爸沒有出現在那個當下。

我們倆在旁，感受著她的吶喊和她的哭泣所帶來的心痛。看著她的鼻涕及眼淚不停滴流在地板上，我忍住不遞上紙巾。我希望她能痛快地哭一場。

我對她詢問了幾句話：「頭會暈嗎？手腳會麻痺嗎？心會痛嗎？」

若這些問題裡有任何一個答案顯示身體出現不舒服的狀況，我才想辦法緩慢她流動情緒的步伐。如果流動情緒不會帶來任何身體的不舒服，我倒是希望她能和那個脆弱的自己再貼近一些。

我們常誤以為只要自己努力去尋找正能量，就可以試著忘記過去的創傷。我們壓抑它、逃避它，以為這樣做，事情就自然會過去。其實是我們的身體很善良，都是身體幫忙我們暫時承接著複雜且厚重的情緒。

當看見她透過吶喊、手抖、眼淚及鼻涕來釋放藏在身體裡的這些五味雜陳的情緒，我在旁不插手，尊重她有自己的步伐。我確保她的身體還能夠撐下去就可以了。

爸爸去世後，再也沒有人保護我

差不多半小時之後，見她的心情稍微平復，我知道又可以繼續和她工作了。

我主動問她：「爸爸當時在哪裡啊？」

「爸爸死了！」她流著眼淚說。

「所以你沒有辦法像第一次的經驗一樣，再叫爸爸替你解圍？」

「嗯，那時候爸爸才去世不久。媽媽是不相信我的。她一直覺得我是個壞孩子，她不會相信我說的話。」

「所以爸爸去世後，沒有人再保護你了？」

「嗯，再也沒有人像我爸爸這麼疼我了。」

這番對談，她都是低著頭完成的。最後，她抬起頭，用很哀憐的眼神看著我說：

「再也沒有人了。」

能夠保護她生命的爸爸走了，這是生命裡一份很大的失落……

（待續）

給父母親：

一個孩子無緣無故地把一切的喜怒哀樂都弄丟了，只剩下「聽話」而已——是不是這孩子背負了大人所加的，莫須有的責任或祕密？

我不要和爸爸說再見

成年後的我們，其實已經擁有一切的資源去保護自己了。

【前情提要】工作坊中，一位女性哭著傾訴兒時曾兩度遭性侵的過往。這是需要特別謹慎處理的創傷，性侵受害者的害怕、羞愧與憤怒都需要特別留意及照顧。馮以量邀請她及學員們，進行這兩段生命經歷的模擬重現，而他注意到在那性侵的創傷底下，對她造成更重大影響的是——爸爸過世了，再也沒有人能救她，沒有人能給她安全感……

我問她：「你今年幾歲了？」

她說：「四十歲。」

「爸爸在你幾歲的時候，離開了你們？」

「十一歲。」

「所以這將近三十年的日子，你是怎麼度過呢？」

「很辛苦，而我也不再相信這個世界還有人是對我好的。」

「所以你需要一直保護自己？武裝自己？」

「嗯，不然會被人欺負的。」

「沒有爸爸的日子，你也很想跟著爸爸離開人間，也就是你剛才說的你一直都有自殘及自盡的念頭。你離世的話，就可以跟隨爸爸了。」

「嗯，是的。我時常想如果能離開這個世界，會很好。」要承認自己有這個念頭，需要勇氣。

我問：「有夢見過爸爸嗎？」

「嗯，有好幾次。最後一次，我夢見在超級市場看到他。我大聲叫他爸爸，他不理會我，一直往前走，我就一直跟著他走。走到最後，他乘扶梯往上走。我竟然被一道玻璃牆擋住，無法搭乘扶梯，而他回頭微笑地看著我，搖手對我說：『我會在天上祝福你。』」

我問：「爸爸是什麼原因去世的呢？」

「生病不久，就死了。」

「記得那時候有和臨終的爸爸說過什麼嗎？」

「沒有。因為我都不知道要說什麼才好。」

「如果我邀請你的爸爸『出現』在這裡，讓你和他說說話，你願意嗎？」

「嗯。」她點頭。

沒有了爸爸給的「安全感」

寫到這裡，請允許我對接下來的輔導歷程所做出的處理加以說明——

當你讀到這裡的時候，會發現我是在「邀請當事人去與模擬爸爸做一番對談」，而並非是帶領當事人回到十三歲的場景，讓她重看當年的性侵，帶著長大後的角度重新詮釋當年的經歷。

平常我的做法是在哪裡卡住，就在那裡繼續探索。但是，這一次不一樣。

如果是其他的當事人，我通常會帶領他們回到當初童年性侵的場景。但要是你也和我一樣看懂對方的狀態，會發現讓當事人卡住的不僅僅是她跨不過的性侵事件，卡住她更多的原因是：

當初那個能保護她的爸爸去世了。

每一個孩子都知道，作為爸爸的女兒與作為媽媽的女兒是不一樣的。每位父母給予孩子的功能也不一樣。

當爸爸去世了，這女兒對世界的安全感也隨之崩塌了。再也沒有人像她爸爸這樣保護她了。媽媽不僅沒有辦法保護她，反而不相信她。

這份喪父的失落其實比童年的性侵經驗更為衝擊，這也是為何她會不停地吶喊：「爸爸，你在哪裡？」

每一句吶喊都在說明這個受傷的女兒，不僅僅是難過於那些加害者（如性侵者）帶給她傷害，更難過的是家裡沒有一個大人可以保護她，不再讓她受傷。

本來我以為這位女學員一開始端出來的輔導內容，看似是要我們和她一同去探索童年性侵所帶給她一輩子的影響。然而當我們與她逐步回顧過去，一點都不意外地會發現她的生命其實是由很多故事及人物組成的，所以，我就這樣跟隨她所端出的新內容走了。

我要相信第二個輔導內容「**沒有了爸爸所給的安全感**」，才是她最需要我們去陪伴的。

我必須承認自己很貪心，希望她除了能夠和模擬爸爸說些話，也能夠從與爸爸的對談中，接受爸爸的離去，並接受自己生命所面對的一切。我知道這很難，但是我很貪心，想一網打盡。

也就是說，如果一個長大後的成年子女仍然渴望父親的保護，我不會拿走這份渴望，我會保留子女想要有父親保護自己的渴望，但是我想要邀請這個女兒去看見：

> 成年後的自己，其實已經擁有一切的資源去保護自己了。

這是我對這個女兒有點貪心的期待。

來，我們繼續。讓我把這個故事說完。

再見，Good to see you again

得到她的許可，我和學員們開始布置她與模擬爸爸對談的場景。

她說那一年爸爸去世的時候，是睡在客廳的草蓆上。

我們請扮演爸爸的男學員躺在我們在課室中心放的一張草蓆上。我對模擬爸爸說：「待會兒，你只需要閉上眼睛，不用說話。但是過程中，如果你真的很想說話，你可以舉手，好嗎？」這位男學員很合作，輕輕地點頭，然後閉上眼睛。

我們把室內的白燈都關上，剩下牆上微弱的黃燈溫柔地打在模擬爸爸的臉上。頓時，我感覺整個空間只剩下她和她的爸爸。是她邀請我及所有學員，走入她生命中這一刻很重要的親子空間。

她站著，指著模擬爸爸說：「當年我爸爸是穿著深藍色西裝往生的。」

我回應她：「嗯。」

我想起之前她跟我們說過夢見爸爸的內容，講出這句話：「記得你在夢裡聽見爸爸說他會在天上祝福你。現在是不是時候，我們要和爸爸說再見了？」

她淚眼看著模擬爸爸，哭著說：「我不要和爸爸說再見。我不要！」

是我太急了，也是我太貪心了，完全沒有和對方在同一個頻道上。

而這段經驗給了我很多學習。它讓我懂得，並且也更能接受**不是所有關係都能說再見的。要是我們不能說再見（good bye），我們就說再見（good to see you again）。**

非一般的告別儀式

我連忙說道：「好好好，我們不要這麼快就和爸爸說再見。我們就安靜地看一看爸爸，好嗎？」

我邀請她和我一同坐在草蓆旁，安靜地看著爸爸的臉龐。

在那個安靜的陪伴當下，我突然想起「蓋被」這個動作。

在華人的傳統葬禮裡，有一項禮儀是要兒女為去世的父母蓋上被子。有些家屬是用往生被、蓮花被，也有些家屬用子孫被來進行哀悼儀式。它除了有保佑亡者的目的之外，原意是因為當初父母為年幼的孩子在睡前蓋被，所以當父母去世時，就輪到成年兒女為無法自理的父母在入殮前蓋被，視為子孫反哺的孝順儀式之一。

我站起來，走去拿起放在桌上的背包，又回去坐到女學員身旁，繼續陪著她，看著她以很安靜的方式凝視著父親。

然後，我主動劃破沉默，對她說：「這一刻，你再一次見到你的爸爸。而我也聽得很清楚了，我們不要這麼快和爸爸說再見。在這裡，我想邀請你透過這些布料去感謝爸爸，去祝福爸爸。」我一面說，一面把袋子裡所有的布抖出來：「這裡有很多種美麗顏色的布料，你來選你喜歡的布。等你選好後，我邀請你把每一塊布蓋在爸爸的身上。」

她看著我從袋子裡抖出這麼多布，給我一個微笑，並表示不抗拒這個想法。而且每塊布大約一點五公尺長，剛好可以蓋在模擬爸爸的身上，無須遮蓋爸爸的頭部。

我看著她毫不猶豫地選了一塊淺藍色的布，拿起來，緩慢地蓋在爸爸身上。她說：「淺藍色是我最喜歡的顏色。我要把自己最喜歡的顏色送給爸爸，希望他能知道我一直都愛著他。」

就這樣，我們開始進行一場非一般的告別儀式，圍繞著我們坐在外圈的學員們，有些都開始掉淚了。

蓋完藍布之後，她停下來，看著我，等待我的指示。我對她說：「你要蓋多少塊布都可以，不一定只有一塊而已。」

第二塊布料，她選了白色。她看著爸爸說：「白色代表純潔。我覺得我的爸爸很單純，很善良。」

我也試著延伸說出一些鼓勵她的話語：「是的，他讓你感受到不是所有人都是壞人。有些人就像你爸爸一樣，他很單純，也很善良。我相信他的單純及善良，都能在你的生命中延續下去。我相信你有好好地為你的爸爸保管著這份善良及單純。」

我一面說，她一面把白布蓋上爸爸的身體，而我們扮演爸爸的男學員很安詳地躺在那兒，任由我們為他蓋上不同顏色的「被單」。

第三塊布，她選了紅色。

她說：「爸爸是個很熱情的人，也很樂於助人。」

「嗯，這位爸爸真好。」

「是的，我爸爸是全世界最好的爸爸。他是一個會保護孩子的爸爸。」她微笑著把紅布蓋上爸爸的身體。

畢竟，能向自己摯愛的父親說聲感謝及感恩是很幸福的。我和學員們因她的這份投入而感動著。

「對於他沒有辦法再繼續保護你，這件事，你會對他生氣嗎？」

「我不會生氣，但是會難過。這也不是他想要的。這麼年輕就離開我們，也不是他的選擇。這是我們父女倆的無奈。」

我點點頭，以示尊重及同意。

第四塊布料，她選了金色。「我希望爸爸可以成為皇帝。他終於能脫離我們這個充滿痛苦的世界，我希望他能夠快快樂樂。」

「嗯，我們都希望他能夠擁有皇帝般的無憂無慮。」

她笑著為爸爸蓋上金色的布。

第五塊布料，她選了粉紅色。「粉紅色代表我對爸爸的愛。希望爸爸一直記住他生病的時候，最愛的女兒一直不斷地在照顧他。」

「我相信爸爸一定非常感謝你當時的照顧。」我說。

第六塊布，她拿起綠色的。「這是最後一塊布了。」

「嗯。可不可以告訴我，綠色又代表什麼？」

眼淚愈來愈少，心情愈來愈平靜的她對我說：「綠色代表草地。爸爸喜歡大自然，我希望爸爸可以有大自然陪著他。」

我說：「真好。」

她很喜悅地把最後一塊綠色的布料送給爸爸。

爸爸會在天上永遠祝福我

我看看她，也看看躺在地上的爸爸。「爸爸身上蓋著六層布料，那裡頭有藍色、白色、紅色、金色、粉紅色及綠色的布，統統都化為女兒給爸爸的六種很重要的祝福。」

她認真地看著爸爸，然後點頭，很滿意地給我一個微笑。

我說：「我們準備要拆景了。也就是說，我們現在準備要和爸爸說再見了，爸爸再也不會回來了。你ＯＫ嗎？」

我做好心理準備，以為她的情緒會再次被牽動，沒想到她竟爽快地回應說：「好！」接著要求：「以量，在還未說再見之前，我想多做一個動作，可以嗎？」

「可以啊。你想做什麼？」

「我想向爸爸叩頭。」

「我陪著你一同叩頭，好嗎？」

「不用。你陪著我就好了。」

「好。」

我陪著她一同跪在地上，叩頭就由她自己進行了。跪在地上的她很恭敬地對著父親叩頭，說：「爸爸，再見。我知道你一定會在天上祝福我的。爸爸，再見了。」

「嗯，謝謝你。」我對她說：「我現在要拆景了。一關上黃燈，我就會請模擬爸爸離開了。待會兒我們就會再把白燈打開。不要急，我等你，你準備好之後，讓我知道你決定什麼時候要我們關上黃燈，然後開白燈。」

我以為她會對模擬爸爸多看幾眼，但她也是爽快地說：「可以。我準備好了，現在就可以把黃燈關上。」

一位學員走去關黃燈，但還沒有開白燈，整個課室一片漆黑。

我請模擬爸爸站起來，離開團體中央，並請他拿著椅子走去課室的一個角落，站上椅子，手裡拿著受女兒祝福的六塊布料，面向著女兒。

白燈一開，我們大家都看見爸爸站在椅子上，拿著六塊布料的畫面。女兒一臉從容地微笑著。她踏實的眼神及那抹微笑很清楚地告訴著我們：

「我爸爸不會食言。就像在夢裡一樣，他說他會在天上永遠祝福我。」

雖然我未必有能力讓她走過被性侵的經驗，也沒有能力讓她放下失去父親的傷痛，但是我希望，每當她回想起我們在工作坊共同創造的這些畫面、每當看見這些顏色的布料時，會知道她的爸爸在天上永遠祝福她。

她比誰都清楚她沒有要和爸爸說再見，畢竟在她心裡，爸爸是愛，亦是祝福。而她決定帶著這份爸爸給予的愛及祝福，讓她繼續好好地活下去。

給喪父的成年子女：

花一點時間，書寫一封信給你的父親。把這封信唸出來。不妨考慮對著天空唸出來，也可以在信任的親友面前唸出來。如果父親能同時聽見你寫這封信給他，他會給你什麼回應呢？

11 爸爸永遠在你的心裡，不曾死去

我爸爸還沒有死

這輩子，他盡心盡力地扮演「爸爸」這個角色，如今畢業了。但是，爸爸永遠會在我們的心裡，不曾死去。

她看也不看，就把醫師剛遞給她的死亡證明書撕破，然後把文件往醫師的臉上一丟，怒瞪著他並破口大罵：「你怎麼可以說他死了！他還沒有死！」

她再次強調：「**我的爸爸還沒有死！**」

因為這句話，護理師打電話給我，希望我可以到安寧病房一趟。

休息室裡，醫師很生氣地對著我說：「This is so ridiculous!（這太荒謬了！）Please help me to handle her.（請你幫我搞定她。）」

這是我們醫療團隊第一次遇上家屬以撕破死亡證明書來否認病人的死亡。說實話，我完全沒有把握可以擺平這件事。

之前我並未接觸過這位男性病人及他的女兒。我請護理師給我看看之前的病歷紀錄及基本家庭圖，翻閱了幾頁，大概有個譜。

這是一名七十歲的男性，姓陳，患末期肝癌，住在安寧病房兩週左右。他是鰥夫，與女兒相依為命。女兒單身，四十多歲，職業不詳。她不常來探病，也沒有照顧父親，護理師說很難找到她。這一次也是護理師打緊急電話給她，請她務必要過來一趟。可惜，她趕不及到病房，爸爸就斷氣了。

我爸爸沒死，他只是睡著而已

踏入病房，我看到女兒對著一名護理助理持續斥罵，手裡還拿著她撕破的文件。

我向她自我介紹是安寧病房的醫療社工，問她：「可以告訴我，剛才發生了什麼事嗎？」

她以高昂而刺耳的音調怒吼：「我的爸爸沒有死！他只是睡著而已！他們都說他死了，他還沒有死！」

眼前躺在病床上的老人家已經離開人間。醫師也告訴我，這位病人在半小時前已呼吸停止、心跳停止，瞳孔對光照沒有反應，我們都知道這些是死亡無法逆轉的跡象。

然而在這個時刻，不管我以多麼溫柔的語氣來解說這死亡現象，對這位女性而言都是無效的。

我不反駁，只是重複她所說的內容：「嗯，我聽得很清楚了。你想要告訴我，你的爸爸還沒有死。」

得到她的允許，請護理助理離開病房後，我關上門，同時請她把撕破的文件交給我。打開文件看了一下，的確有撕破一些。

我把文件放到垃圾桶的蓋子上，對她說：「我對這份文件不關心，我比較想要關心的是你和你的爸爸怎麼了。」

我必須承認，當下的我是虛偽的。儘管腦中一直在盤算著，待會兒要如何說服她去求醫師再重新開立一份證明文件，但是我知道，如果人的心情在當下沒有被照顧好，事情永遠都辦不了。

我陪她坐下來，一同看著她已經去世的爸爸，聽著她說出與父親的故事。

爸爸走了，我的世界就垮了

除了以眼淚表達哀傷之外，**「發洩憤怒」及「否認死亡」是喪親者內心面對失落時，其中兩種還算是普遍的面貌。**

眼前這位中年女性，自始至終不相信自己的父親患了末期肝癌。她告訴我，醫師早在半年前便說爸爸可能時日無多，但是她不相信。如今她更不相信爸爸已經去世。

其實我們要知道，「否認死亡」的心態是能帶來積極功效的，至少可以讓她持續地抱有希望感——她說這段日子，她決定不參與照顧逐漸老去的父親，希望奇蹟會發生，希望父親不會這麼快就離開她。「否認死亡」也可以讓她不用碰觸內心更深層的哀傷。

當下，我繼續聽她傾吐，聽她訴苦。她告訴我，所有的親友都說她不切實際，大家都不相信她。她也說出爸爸就是她的全世界。媽媽早逝，她取代了媽媽的位置來照顧爸爸，看見爸爸逐漸年老，她也決定繼續單身。她說，她活著的意義就是要陪伴爸爸老去……

「如果爸爸走了，我的世界就垮了。」

聽到這裡，我忍不住說：「假如爸爸聽到你這番話，他一定會很擔心你未來要如何活下去。」

她伸出手，含著淚握住爸爸的手：「爸，你醒來啊。爸……」

我站起來回應她：「來，我們一同叫醒爸爸。但是不要太用力，我怕他會痛。我們溫柔一點，你用一隻手握住爸爸的手，另一隻手輕輕地拍他的肩膀。」

我陪著她，也對著病人說：「陳爸爸啊陳爸爸，我是這裡的醫療社工阿量啊……你的女兒來看你了，你醒一醒吧。如果可以，請張開你的眼睛，或者用你的手抓一抓女兒的手來回應吧。」

看著她呼喚爸爸、溫柔地觸摸爸爸的手掌，以及輕拍爸爸的肩膀，我在一旁說：「你做得很好。」

我安靜地陪伴著這位女兒，很久很久，沒有認真計時，我想已超過半個小時。

「你看到了嗎？不管我們怎麼做，爸爸都不會再醒來了。」我對著她說。

感謝生命中有你這個孩子

她哭著說：「爸，你走了，我怎麼辦？」

「你想要你的爸爸向你說聲對不起？你的爸爸就這樣拋棄你？」

「不是。我還有很多話沒有對他說⋯⋯」

「那，我們現在要不要趁這個機會對他說？我所知道的是一個人如果剛剛去世，聽覺會是他最後一個失去的感官。雖然爸爸沒有辦法回應我們，但是我們現在所說的話，爸爸還是聽得見的。」

「爸，對不起。我沒有好好照顧你，你就這樣走了⋯⋯你會痛嗎？⋯⋯我還來不及陪著你，你就離開了⋯⋯你會害怕嗎？⋯⋯你會擔心我嗎？⋯⋯爸，對不起。你不要擔心我，你不要擔心我⋯⋯」

就這樣，我讓她重複多說一些。其實她的思緒很混亂，在表達上有不少話是說不清楚的，而且散亂。我就讓她慢慢說，深呼吸，繼續說，說到情緒稍微能平靜一些。

我回應她：**「要是爸爸現在能夠回應你這些話語的內容，你覺得他會對你說些什麼嗎？」**

她低著頭，沉默不語。

我主動做出回應：「我猜啊，他會對你說一聲謝謝，謝謝生命中有你這個女兒一直陪著他。幸好有你，生命才不會太苦。他一定很感謝你。」

「嗯，他常常這樣對我說。」

「嗯，你要記住爸爸說的這些話哦。爸爸是帶著感恩你的心情離開的。為了不讓你太擔心，他靜悄悄地先離開。為了不讓你太難過，他也安排我出現在這裡，還有我們的醫師、護理師、護理助理，他都安排我們陪著你。請你不要擔心，我們會繼續陪著你一同去處理喪禮的。」

她沒有放開爸爸的手，但不再暴躁，表情多了一份平靜，只是眼淚依然不由自主地從臉頰持續滑下。

我繼續建議：「我們現在給爸爸一鞠躬，祝福他，好嗎？我陪著你一起鞠躬，好嗎？」我們一同向爸爸鞠躬後，她說：「我想再牽著爸爸的手，可以嗎？」

「當然可以，你可以繼續牽著爸爸的手。直到你準備好之後，我們再找醫師重開一份死亡證明。」

「啊，對不起！我剛才太沒有禮貌了。」

她連忙蹲下，從垃圾桶的蓋子上拾起剛才被她撕壞的文件，接著快速地走出病房。我在後面急忙跟隨，看著她主動找醫師道歉。

醫師接受了她的道歉：「你心情不好，我們是可以理解的。今天你失去爸爸，我們知道這是非常不容易的。我們會安排阿量社工繼續協助你，好嗎？待會兒，我再把新的文件交給你。」

我謝謝醫師的體諒及包容。

回到病房後，我對她說：「請你繼續好好地陪著爸爸。你是希望我繼續陪你，還是要我們的護理助理陪你？」

「謝謝你。我想自己一個人陪著爸爸。」

「沒有問題，我讓你在病房待久一些。待會兒，我再來找你處理有關葬禮的事宜。我們還有時間，不要急。」我一面說，一面把病房的空調調到攝氏十六度，同時解釋給她聽，這麼做無非是想要讓陳爸爸的身體在這樣的低溫裡，不容易產生令人不舒服的氣味。

「謝謝你。」她態度誠懇。

「謝謝你的謝謝。我一小時後再回來，請你好好地和爸爸多共處一些時間。你隨時可以來找我，我都會在這一層樓，找不到我的話，請護理助理打電話給我就行了。我再介紹自己一次，我叫阿量，是這裡的醫療社工。」

「謝謝你。」

「不客氣。」

眼前這個男人生命的功課結束了。這一輩子，他盡心盡力地扮演好「爸爸」這個角色許多年，終於完成了，也畢業了。

但是，他在女兒的心中永遠都不會消失。正如他女兒所說的：「我的爸爸還沒有死。」因為**爸爸永遠會在女兒的心裡，不曾死去。**

有幸見證如此珍貴的父女情，站在門口，我向他們倆鞠躬，輕輕地把門關上。

● 給喪父的成年子女：

失去父親，等同於失去了什麼？失去父親，你又選擇留下了什麼？

12
我願意放下爸爸了

那一晚，我爸爸離家出走

學著改變自己如何看待過去、如何看待父親。
唯有如此，才能從重複的慣性攻擊行為裡跳脫出來。

從事輔導工作的人都知道，我們自己的生命所卡著的重大事件，都會左右我們如何陪伴案主。

我在三十歲那年開始成為輔導工作者，有幸遇見一位影響我很深遠的輔導督導。她有顆溫暖的心，同時擁有一雙銳利的眼睛，總是可以看出我內心一些端倪。她除了關心我的輔導表現，也關心我在提供輔導服務之餘，內在的狀態是否有被案主的故事撞擊。

有段日子，我的不少個案都是有關「被父母遺棄」的課題，而我察覺自己常帶著生氣的情緒去和督導討論我的案件。

輔導督導曾經問過我：「**在你的生命裡，有沒有一些重要的事件，影響了你一輩子？**」

我說：「有。」

「那是什麼事？」

「我爸離家出走的那一晚。」

讓我把整個故事娓娓道來……

在你的生命裡，有沒有重要的事件，影響了你一輩子？

那一年，我只有十歲，正讀小學三年級。

我住在一個三代同堂的大家庭裡。祖父早逝，除了祖母，這個家有爸爸、媽媽、姊姊及我一家四口，以及叔叔和嬸嬸一家四口，還有兩位未婚的姑姑。

這間老房子共兩層樓，樓下是由爸爸接手爺爺經營的雜貨店生意，樓上則有四間臥房。我們老老少少十多個家庭成員就擠在樓上一起生活。

有那麼一天——看起來再普通不過的一天，卻改變了我往後的命運。

如往常一樣，凌晨六點多的天色還未亮，五姑便帶著我和姊姊從家的後門去學校。媽媽不需要帶我們上學，因為五姑是小學教師。當時堂妹及堂弟還小，尚未念書。

小學離我家不遠，每天早上只需要步行二十分鐘左右，就能抵達處於小山丘的學校。

我們很少從大門出入家中，因為雜貨店的大門得大力地推開，不是我們這些孩子有能力辦到的，而且開大門的程序有點繁瑣及累贅。通常只要雜貨店關上了，所有家人都會從後門進出。

爸爸欠債逃跑，我的家散了

那天下午放學後，五姑的同事載我們三人回家，我們在雜貨店的大門前下車。

爸爸經營的雜貨店幾乎全年無休，即便年初一都照常營業。但是那天下午，大門卻沒打開。雜貨店並沒有營業，大門緊緊關閉著。

我和姊姊及五姑從後門回到家，上樓後經過客廳，看到所有家人都坐在一起，包括好幾位出嫁的姑姑們也回來了。

我知道有事情發生，雖然不曉得確切發生了什麼。

我禮貌地向著每位長輩一一道好，之後便走入房間，看見媽媽躲在房內，眼睛泛紅。她並沒有參與家人們的對談，也不願告訴我到底發生什麼事。

姊姊好像也知道發生什麼事，但是不願多透露。

把校服換下之後，我一個人走出房間，到客廳和家人們一起坐下來，就像平常他們打麻將的時候，我都會安靜地坐在旁邊一樣。

大姑大聲地對我說：「你爸爸真不是人！」

大家七嘴八舌地討論，一旁的我試著拼湊所聽到的資訊：

爸爸瞞著家人，每晚和一群賭友去賭博。把錢賭光後，又下不了台，輸不起，所以每晚輸了錢都會借高利貸，希望能翻本。家裡的現金也因此賭光，欠了一大筆債。直到東窗事發，再也隱瞞不住真相，他知道債主準備找上門來討錢，只好在那之前乘機逃離。但是，他早已把家裡所有的產業都賭光了。

我被家人們告知，那天凌晨時分，在媽媽的陪同之下，爸爸去火車站搭火車逃離了家鄉。

因為這件事情，我們家變了。

做不了母親的拯救者，我成了父親的受害者

我的爸爸居然可以如此地不負責任，自己離家出走，讓家裡的人代替他背負這些債款。那段日子，眼見媽媽和爸爸的家人們的關係愈來愈疏離及緊張，有少數家人把對爸爸的憤怒轉嫁給媽媽，媽媽也因此受盡委屈，我卻幫不上什麼忙。心裡一面心疼母親的無助，一面希望自己盡快長大，快點給媽媽更好的生活。

做不到拯救媽媽的角色之餘，我心裡的怒氣全部指向父親——這些怒氣，一直到我二十多歲都還在內心燃燒著。我一口咬定，自己這輩子內心有這麼多憤怒，全是因為我有一個完全失功能、不負責任的父親。如果沒有這個爸爸，我的家就不會散了。

其實我的父親並不是全然失蹤。離家後期，他久久會回家鄉一次，只不過都是在深夜時歸來，住一、兩天，又在深夜離開。

在家期間，他常躲在臥房中，不願見人，也不願多說話。作為他唯一的兒子，我並不願意與他對話。所以很多時候，他回來就是探望太太、母親及女兒。我則和其他家人一樣，持續地對他冷漠以待。

離家出走近四年後，他因罹癌而回家，當年我十三歲。我拒絕照顧他。

四個月後，他去世了。

原以為他死了，我的生命就可以好轉了。但是，卻沒有。

爸爸死了，卻與我如影隨形

長大後，我總在男同學、男上司、男同事等人的身上，看到許多爸爸的影子。這群男人最厲害的就是推卸責任、懶散，他們很有辦法，總能為自己的不負責任給出很多堂而皇之的藉口。只要遇見這種人，我就會不由自主地攻擊他們，直到他們感覺難堪、受傷，才肯罷休。原以為這些人會因為我的攻擊而消失，但是沒有，甚至有時候心愈煩，就遇到更多類似的人出現……重複性地發生，一次又一次面對不同的人，卻有著同樣特質，心裡真的很疲累。

加上在輔導工作中，總有辦法吸引與我遭遇類似的成年兒女成為我的個案。他們的父親都是比較偏向失功能的男性，母親則都是比較委屈、但是又不得不堅強的女性。很多時候，我會不由自主地卡在他們所訴說的故事裡，不曉得如何協助他們……

以長大後的眼光，來改變我們如何看待過去

這也是為何督導會問我：「在你的生命裡，有沒有一些重要的事件，影響了你一輩子？」她還會微笑地看著我說：「你有沒有覺得老天爺很愛你？」

太常聽她這麼講，我有時會哭笑不得地反駁：「哪有?!」

但我大概明白督導的意思。如果不是老天爺愛我，祂不會讓這麼多與我生命經驗相似的人出現，也不會讓這麼多和我爸爸性格相似的人出現。祂給予我許多機會，讓我重新認識我自己。

我心裡也知道，這麼多年了，我不可以一直扮演怪罪於父親的受害者。對於這種「拯救不了母親，卻又無法阻止父親離開」的兩難局面，我清楚地知道自己不能停留在這個角色裡太久。

當我發現要改變別人太難，所以只好往內改變——但是要改變自己的哪些層面呢？

督導說：「**要學著改變自己如何看待過去，並且要學著改變自己如何看待爸爸。也唯有這樣做，你才能從重複的慣性攻擊行為裡跳脫出來。**」

這個概念其實源自於薩提爾家族治療模式。幾乎所有學習薩提爾模式的老師都常把這句話掛在嘴邊：

我們無法改變過去，但是我們可以用長大後的眼光去改變我們如何看待過去。

我詢問督導：「那，怎麼做呢？」

督導給了我一項功課：「去詢問你的家人，當初他們是否知道當晚你的爸爸準備離家出走。」

我說：「好，就這麼辦。」

（待續）

給成年子女：

你是否有在不同的男性生命中，看見屬於自己父親的影子？你看到的是正面的特質，抑或是負面的特質？當你看見這麼多男性展現你不喜歡爸爸擁有的特質時，你是如何面對這群男性？你覺得生命想要你學習些什麼，才能讓這些特質及畫面停止重複地出現在你的生活裡？

探索父親的旅程開始了

「爸爸」這個稱號，只是他眾多的身分之一。
不是所有，只是「之一」。

【前情提要】十歲的馮以量，爸爸躲避賭債而離家出走，從此改變了他的命運：他原本完整的家散了；而眼看媽媽單親的辛苦及委屈，他將憤怒全指向背棄的父親。後來爸爸死了，他以為自己的生命可以好轉了，卻發現陷入「拯救不了母親，卻又無法阻止父親離開」的兩難困境。於是，他決定回頭，踏上父親的人生軌跡，尋找自己生命的解答。

因督導的建議，我回家詢問家人有關爸爸離家出走那天的事情。很可惜，媽媽及祖母相繼去世。這兩位本來是可以提供我許多重要線索的家人，我無法從她們身上得知更多的資訊。

然而，我還是把對談分為好幾回：我單獨和姊姊、五姑、外婆及二叔見面，主動詢問他們，爸爸離家出走當晚的相關細節。

我探索父親的旅程開始了……

我問姊姊：「為什麼你和媽媽都不告訴我？」

姊姊說，她當天也是不知情。那晚爸爸離家出走的事情，是後來媽媽告訴她的。

我反問姊姊：「為什麼你和媽媽都不告訴我？」

她回我：「我們說給你聽，你願意聽嗎？」姊姊繼續說：「你不是不知道，那時候你最討厭的人就是爸爸。」

這一次，我把對父親的憤怒放到一旁，安靜地聽姊姊敘述。

「其實爸爸離家出走之後，也很辛苦。他沒有一技之長，只好隨便做些零工，賺點錢，後來才有辦法成為開大貨車的司機，有一份比較穩定的工作。他承諾媽媽會把更多的家用匯款給她。媽媽也和爸爸時常通信，互相慰問對方，支持對方。」

姊姊繼續訴說：

「媽媽很擔心爸爸不會好好照顧自己。因為他不定時喝水、不定時吃飯，寧可挨餓，也希望自己能夠把錢給賺回來。可是，這麼一大筆錢，怎麼賺回來？後來，他時常流鼻血，不知道自己其實很早就患了鼻咽癌。他錯過治療的黃金時期，知道自己生病的時候，已經很遲了。他回家養病那些事，你都知道了。你還是一樣，不願意照顧那個生病的爸爸。」

在姊姊的眼裡，爸爸是有犯錯，但是不至於判他死刑。離家後的他，那四、五年都堅持工作，一個當初當雜貨店老闆的「富二代」，最後成為需要看人臉色的大貨車駕駛員。他把自己的身段放下，無非就是想要賺錢養活他所重視的家人。

如今在我看來，這是一種男人犯錯後，勇於贖罪的行為。那裡頭，到底自尊需要被磨損多少回啊？

我一面聽，一面感受到姊姊對父親的包容及仁慈。我羞愧自己並沒有這方面的包容，沒有辦法多給爸爸一點溫暖。我自認時光要是能重來，我還是做不到。

當初就是因為心裡那嚥不下的恨，只要是他的事情，我都不想知道，也請他們不要告訴我。久而久之，姊姊和媽媽也不再告訴我有關爸爸的近況。

因為對爸爸的恨，我錯過了這麼多。這，也成為我的過錯。怪誰呢——如果不是自己，還有誰呢？

我問姑姑：「你不氣哥哥這樣對你們嗎？」

五姑說她不知情。她和我一樣，放學回到家後，才和我一同知道爸爸離家出走這件事。但，我不曉得爸爸欠人家的債款高達好幾萬馬幣（等同於好幾十萬台幣），在四十多年前，那實在不是筆小數目。而五姑是爸爸其中一個很重要、願意站出來協助還清這筆債款的手足，這也是為何我心裡永遠對這位家人有很多的感恩。

我問五姑：「難道你不氣哥哥這樣對你們嗎？」

她回我：「事情總需要有人去解決，生氣又有什麼用？」接著補充：「我知道你從小就很喜歡音樂，所以在你五年級的時候，跟你媽媽說讓你去學電子琴，學費由我來付。**我不希望你沒**

有了爸爸，就放棄你自己。」

我一聽，眼淚就掉下來。很感動，但是心裡有很多問號——因為如果我是她，肯定是「恨」屋及烏的。試想若是我哥哥的債務，要我替他償還，我是沒有辦法再去照顧他兒子的，我肯定做不到！

眼前的五姑，她自己的心靈早就已經傷痕累累，明明不需要背負的債款，她扛起來；明明不需要背負的角色，她也扛起來。我不曉得她是如何找到方法，仍能在內心擠出僅剩的溫暖給當年還是小孩的我。

身為妹妹，她甚至願意代替哥哥給予我這份愛。而這個舉動大大地軟化了我心中對父親的憤怒。

小時候，因為家中沒有談論，也沒有分享，所以我不知道這裡頭有這麼厚重的愛。這份愛是來自父親的家人。

謝謝五姑，這輩子，我無法用同等的愛報答已經去世的你，但是我願用人生剩下的歲月來惦記你曾給過我的關愛。我不會忘記，也不可能會忘記。

我問外婆：「媽媽為什麼會喜歡爸爸？」

外婆說她是知情的。我聽了，很是驚訝。

爸爸準備要離開的前幾天，自己一人去找岳母。他很難過，哭著對岳母說：「媽，對不起，我沒有辦法好好照顧你的女兒。我讓她受苦了。」他除了祈求岳母的原諒，也是去和她告別的。

外婆心中雖然對爸爸很生氣，但是見他痛苦，也很難過。外婆告訴我其實之前已經有一次，爸爸欠債，大家都試著幫助他度過難關。但是這回，這筆金額太大了，大家都沒有辦法再幫助他，他只好逃離。

聽到這裡，外婆的分享替我解惑不少。當初我心裡也是很納悶，怎麼沒有一個家人願意跳出來協助爸爸。難道爸爸真的是這麼壞嗎？為何大家都見死不救？原來我不曉得的事情還很多，我所知道的那次欠債，已經是爸爸犯的第二次錯誤了。

非常感謝外婆如此敞開心與我說起往事，因為她不是很喜歡談論過去那些不開心的事，更加不喜歡議論是非。我告訴她，我需要交一份功課給工作上的督導，她才願意回答關於我父親的種種。

我問外婆：「你知道媽媽為什麼會喜歡爸爸嗎？」

外婆說：「這個問題，我也問過你媽媽。」

「她說什麼？」

「她說她喜歡你爸爸的幽默。」

這個答案實在讓我腦洞大開。

自我懂事以來，從來沒看過爸爸有任何一次展現其幽默的面貌。他要不是安靜地坐在客廳的角落裡，就是躲在臥房內，沉默不語。印象中，我只強烈感受到他的憂鬱、孤單及落魄。

當初媽媽愛他的那份幽默，後來到底去了哪裡呢？我不曾見過，我想，或許早就被他自己的內疚及自責磨損了。

我也終於明白偶爾自帶的幽默感，並非自創。我的幽默感到底是源自於父親，還是我自己？我也不曉得。至少我知道我和父親都是幽默的，這連結，很有意思。

我問叔叔：「你氣哥哥把家產賭光嗎？」

叔叔說他不知情，我並不意外，因為叔叔很少理會家裡的事。他和我的爸爸很像。

我問他：「你氣哥哥把你本來擁有的產業都賭光了嗎？」

他感嘆地說：「不要談了啦。這些事情都過去了，有什麼好談的呢？」

我和他一面喝著啤酒，一面憶起往事。

我喝黑啤，他喝白啤。他叫我不要喝這麼多黑啤，因為他爸爸是黑啤喝過量，把身體都給搞壞了。這是年少時失去父親的二叔對其父親死因的解讀，我不反對，也不反駁。真相是不管黑啤還是白啤，只要酒精過量，都不好。

我的爺爺和父親都是在四十多歲就去世了。

同樣是年少時就失去父親的叔姪倆，我們有太多相似的經歷。我繼續問他：「你的爸爸和哥哥都這麼年輕就去世了，你會害怕自己也很年輕就走嗎？」

他說：「就是因為他們倆都很年輕就過世，所以我們就更加別這樣執著。凡事都要看開點。」

在我眼裡，二叔是和我爸爸同一種類型的男人。他不愛做家事，不愛處理家中事務，不關心自己的孩子。

寫到這裡，我為自己對二叔的有限認知而感到汗顏及抱歉——其實我看見的，都不是全然的事實，而且這是我的問題。當我看見任何一個男人帶有與我爸爸類似的行為或氛圍，就急著把對於父親的憤怒投射到他們身上，叔叔是其中一個受害者。

姊姊常勸我：「你會不會覺得你對二叔說話時，很沒有禮貌？」言下之意，我時常以惡言攻擊二叔。

但是他也很像我的父親那樣，不會反駁。

那一晚，叔叔還告訴我這些話。

「其實你爸爸也不想要這樣的。你的父親是個好人，只不過他運氣不好，認識了一群對他不懷好意的人。他們所有人在賭場上一同騙他，所以他不可能會贏錢的。而這些人，到最後老了，沒一個有好下場，他們也得到該有的報應。」

最後他說：「我們不是都活得好好的嗎？為什麼要這麼執著？」

從那晚的談話之後，二叔在我眼裡多了一個形容詞：有智慧。他是個大智若愚的男人，他的包容及看透，不是我在年少時能學懂的。我要向他看齊。

「爸爸」這個男人的生命，到底是如何被建構起來的？

回家去訪談四位家人，讓我覺得自己與他們更靠近，而最重要的收穫是，我看見父親所擁有的更多不同的面貌。

回到輔導中心，湊齊了所有家人們形容的父親，我一一報告給督導聽，並告訴她，我最大的學習是：

每一個人，在一生中，扮演很多角色。就拿我的父親舉例，他是父母的兒子、弟弟和妹妹的哥哥、妻子的先生、兒女的爸爸及岳父母的女婿等等。「爸爸」這個稱號，只是他眾多的身分之一。不是所有，只是「之一」。

我們大部分孩子對爸爸的認知，取決於我們小時候如何與爸爸互動，以及我們小時候看著爸爸如何對待家人們的經驗。我們要是不去詢問、不去探索，其實孩子擁有的這些兒時的視野，是不足夠去完整形容這個男人的生命全貌的。

唯有你繼續對他所擁有的不同生命角色做更多探索及理解，你才知道「爸爸」這個男人的生命到底是如何被建構起來的。

不要停止探討自己與父親的關係

督導一面聽我的分享，一面點頭微笑，並問我一個問題：「現在你是怎麼看待那個晚上離家出走的爸爸呢？」

我嘆口氣：「原來他在離開前，有向岳母道別。我猜的而已，其實他母親也知道，雖然我已經無法從她那裡求證，她已經去世。不過我很篤定，以外婆的描述，他不是個無情無義的人。而從我二叔的描述，他也不是壞人。我相信他會向他的母親請求原諒之後，才在當天深夜離開的。」

督導追問：「我想問一個假設性的問題。」

「嗯。」

「如果你能夠回到當天晚上，在家的後門看見你父親拿著行李箱，準備要離開，你會對爸爸說些什麼？」

「回到當天晚上？那是快十歲的我，還是現在的我？」

「現在的你。」

那一年對談這個話題的時候，我三十歲，我回答：「如果是現在的我，我會對他說，求他不要走。」

我一面說，一面掉淚。

「嗯，你還會說什麼？」

「我會告訴我的父親，求他不要走，他一走，家裡就變了。媽媽受盡委屈，家裡就亂了，而我成了沒有父親的孩子。後來，媽媽也因此操勞過度，死了。爸爸一走了之，讓整個家都不一樣了。」

「所以你爸爸的離開，代表著……」

我哭著說：「我一直認為那完整的家，它破碎了。」

「你現在碰觸到的是……」

「難過。很難過。」

督導安靜地看著我哭。她給我足夠時空，讓我自己掉淚。我伸手去拿紙巾，抹掉眼淚及鼻涕。這一回我談到父親時，不再一貫地憤怒，反而是比較能夠感受到自己對於失去爸爸的難過及不捨。

督導微笑地看著我：「我們走了很遠了，你同意嗎？」

「嗯。」我點頭。

當我願意把對爸爸的恨及憤怒放在一旁，哀傷及不捨才能被釋放出來。

我的督導並沒有企圖要我放下，或者要我原諒。她沒有要求我一定要做什麼，她只希望我不要停止繼續探討自己與父親的關係。

我們結束了這一次的對談。

如果回到那一天，你會對爸爸說什麼？

時間一晃，如今我已經年過五十了。

督導詢問我的這個假設性問題，一直都在我內心好好收藏著。能夠問出一道好的問題，可以引來無數個好的答案。

寫到這裡，我想自問一個假設性的問題。假如時光重來，讓我回到當天的輔導室內，我的督導再一次詢問現在的我：

「以量，如果你能夠回到當天晚上，在家的後門看見你父親拿著行李箱，準備要離開，你會對爸爸說些什麼？」

我想要給出屬於五十歲的馮以量版本的答案。

（待續）

給成年子女：

「爸爸」這個稱號，只是你父親眾多的身分之一。不是所有，只是「之一」。我想邀請你去與其他不同的親人談論你的父親，愈多愈好。詢問他們是如何看待這位你叫他為「爸爸」的男人。他們喜歡他什麼？他們不喜歡他什麼？在他們和他互動的這些年來，有什麼是值得他們想要和你分享的？

長大後的你，會對爸爸說些什麼呢？

穿越父親這個角色，我不帶任何批判去看這位我叫他是爸爸的男人，我還給他一個全貌。

【前情提要】在你的生命裡，有沒有一些重要的事件，影響了你一輩子？對馮以量來說，十歲時，父親為躲債離家是他人生的巨變。而今，他展開一趟探索父親，進而更理解父親的生命、及自己生命的旅程。面對督導的提問：「如果你能夠回到當天晚上，在家的後門看見你父親拿著行李箱，準備要離開，你會對爸爸說些什麼？」五十歲的他，要給出屬於此時此刻的馮以量版本的答案。

那是個深夜，十歲的小小以量在自己的臥房裡熟睡著。他不知道明天一醒來，家裡天翻地覆，澈底改變。他再也回不到當初那穩定的童年生活了。

我，五十歲的以量，在家的後門外等候著走投無路的爸爸。後門旁邊有條馬路，馬路旁有一棵大樹，我就站在那兒等候。

我看見爸爸在深夜裡，打開後門，拿著行李箱走出來。那落魄而憂鬱的身影，我再熟悉不過。

那一年，爸爸只有四十歲。如今的我大他整整有十年。

十歲的以量不知情，他解讀爸爸離開是一種不負責任又自私的行為。

三十歲的以量知情後，他求爸爸不要離開，他不希望這件事情發生在他的生命裡。

五十歲的以量，我不再求爸爸留下了。我知道不管怎樣，也阻止不了命運執意的安排。我放手讓爸爸走。

我往爸爸的方向走去，把我準備好的早餐及礦泉水塞到他手裡：「你要記得多喝水，記得要多吃飯。」（姊姊告訴我，爸爸不常喝水、常挨餓。這句話，我記在心裡很久。）

我繼續說：「我是未來的以量。我現在已經五十歲了。以前我不懂事，一直很憎恨你。請你不要擔心我，我會活得好好的。長大後，不管我怎麼努力，我還是沒有辦法承擔媽媽生活上的痛苦。但是，我答應你，我會好好照顧樓上那個正在睡覺的小小以量。他很爭氣，他很努力地活成大家想要的樣子。你走，爸，我放你走。」

我接著說：「爸，我放你走。我知道你選擇了逃避，雖然這不是最好的選擇。往後你自己要受的苦，也不比我們任何一個人來得少。你要記得多回來。回來看看小小以量，雖然他並不會理睬你。他不懂事，請你原諒他。」

我說：「祝福你，我的父親。你是我這輩子最糾結的人物，你是最傷我的親人，但也是讓我最有成長、最有收穫的家人。爸，我說不出『有你真好』這些感恩的話，但肯定的是，我的生命要是沒有你，我是沒有辦法走到現在這麼豐盛而且成熟的狀況。謝謝你，爸。祝福你，我的父親。」

我把話說完了。在電腦螢幕前，我摘下眼鏡，掉淚、拭淚。我在一百多位學員面前，完成了三十歲時，督導詢問我的假設性問題。

我對著電腦螢幕中的學員們說：「各位同學，這就是我五十歲馮以量版本的答案。」

我願意放過我的爸爸了

以上所述，雖然是幻想，但也不是幻想。

這段分享是我帶領線上讀書會的時候，隔著電腦螢幕，對著一百多位學員分享我和爸爸之間目前的親子狀態。

而當晚更是受到老天爺的厚愛，祂安排這場分享會，落在我五十歲生日的前夕。

我把內心話說出來了。

我非常鍾意屬於五十歲版本的答案：

「爸，你走。你安心地走。」

我終於願意去看清父親生命的全貌。穿越父親這個角色，我不帶任何批判去看這位我叫他是爸爸的男人，我還給他一個全貌。

我爸爸其中一個重要的角色就是我爺爺的兒子。作為兒子的這個角色影響他很深遠，也直接影響了我的生命。爺爺早逝，喪父的他，沒有父愛的引導，逐漸長大，結婚，成為兩個孩子的爸爸。在他那段喪父的過程裡，作為兒子的我知道他曾經欠缺了什麼、經歷了什麼嗎？我只看見他愁眉苦臉、一蹶不振，對於他內心所經歷的起伏，我一概不知。

我怎麼可以如此不公平地就站在一個狹隘的角度，去罵他不是好父親呢？這是我在對他情緒勒索，是我在對他道德綁架。

如今我活到超過爸爸壽命的歲數，明白不是爸爸不想要愛我，只是他心中的愛少得可憐。我怎麼能要求爸爸用我要的方式去愛我呢？真相是，我的爸爸是永遠做不到的，因為他能給的也只有那麼多。

「放過爸爸吧。」我對自己說：「我願意放過我的爸爸了。」

走一段放過自己的路

生命很有趣。這條成長的路很奧妙。

當我聲明自己的生命不需要我的爸爸來負責之後，漸漸地，在那群和我爸爸性格很相似的男性身上，再也看不見我爸爸的影子了。說來很神奇，那憤怒，就在我四十歲之後，不再出現了。

然而，真的是身邊不再出現懶散的男性嗎？

不是的。只是這些我當初極度討厭的特質，不再勾起我的憤怒及不耐煩了。反而心裡對這些人多了一份慈悲，多了一份諒解。

但好玩的是，即便有了這份慈悲及諒解，並未為我帶來更圓滿的生命，反而又掀開了下一個章節的生命功課——

當我願意放過爸爸之後，就輪到我不願意放過自己了。聽起來就很諷刺，不是嗎？人生，不是和別人的關係糾纏不清，就是和自己的關係繼續糾纏，非常有趣。

當初你以為自己是對的，其實原來都是錯的。那些當初自己對爸爸所做出的不孝行為，現在看來，都是遺憾，也是罪過。

對爸爸無法盡孝，而且還對重病的他冷漠無比，這些都是過去心裡抹不掉的自責及遺憾。所以我再**繼續走，走一段放過自己的路。這段放過自己的路，其實比放過父親的路，更需要誠實。**

此書中的第一篇文章便訴說我寫信給爸爸，放下自責及遺憾的這個部分，我就不在此多著墨了。

後來的後來，終於明白……

生命的慈悲不只是要給爸爸，也需要給自己。畢竟「孩子」這個稱號，也只是我生命裡其中一個身分而已。不是所有，只是之一。

起初我以為我嚴重缺失「父能量」，其實它並沒有全然消失。我願帶著爸爸給予我的「父能量」繼續生活，雖然比一般孩子擁有的「父能量」少很多，但沒有關係。我知道父親無法提供我的能量，長大後的我可以自己補給。

只要我願意繼續探索及成長，我可以用適合自己的步伐，一步一腳印地把這些「父能量」找回來。

重新拾回父能量，放下父愛缺憾、也放過自己。五十歲以後的我能走到這裡，嗯，這感覺真的很好。

謝謝你用心閱讀此書，謝謝自己用心書寫此書。祝福大家，祝福自己。

給成年子女：

如果時光能夠倒流，讓你進入你和父親曾經有過的傷痛畫面裡，此時此刻的你會對當時的父親說些什麼呢？當初父親沒有辦法給予你的「父能量」，現在的你是否能夠補回給自己？

【推薦文】

將負能量變成父能量

文◎大師兄（國民作家）

看完了以量老師的新書《父能量——放下父愛的缺憾，也放過自己》，真的百感交集。

在我的心中，「負能量」曾經與「父能量」劃上等號。為什麼說是曾經呢？因為近幾年我一直在做的事情叫做「和解」。

似乎不只是我，很多人到了生命的一定階段，都會開始思考自己的人生。而在思考的過程中，小時候與家人的關係常常被拿出來重新檢視。

讀到以量老師透過一場悲傷史的分享，心境改變並放下時，看著這段文字的我，心裡想的其實也是這樣一件事：「我想和我爸爸說說話。我想告訴他，我現在跟小時候他對我說的我

『長大後會是個垃圾』不一樣。」

閱讀的過程中，我也不斷地在與自己對話。有時需要讓自己休息一下，整理一下心情，才能繼續看下去。

要面對心中的傷痛、治療傷痛，真的很難。

他是不是用自己的一生在帶領兒子呢？

二〇二四年是我接講座的第四年。回想第一年在講座上，我總會透露一件事：我沒辦法原諒我的原生家庭，而那源頭是我父親。

不過近幾年，我開始常常把原諒與和解掛在嘴上。該怎麼說呢？不能說長大了，而是心境不同，覺得該做改變了。

第一次在台上說出原諒這件事，比我想像中的順利很多：

其實我非常討厭一句話，就是「你現在的所有苦難，會成為你未來的養分」。但是這幾年在台上拿著麥可風分享，講的都是我之前的苦難，那些真的變成我現在的養分了！

那些苦難是哪裡來的？是從我最恨的原生家庭裡，我的爸爸而來。

我有時忍不住想：會不會是第一次當爸爸的他不知道如何當爸爸，於是他用一生賭博來告訴我賭博會怎麼樣。要不是因為他生病，我不會去醫院當看護。要不是因為他往生，我也不會去殯儀館工作。

是不是我爸爸用自己的一生，來帶領兒子去適合他的地方呢？

也許是這樣吧！

或許這樣想，我才能讓自己好過一點。

我們都不能選擇自己的原生家庭，並且家家有本難念的經，而每個人都覺得自己家的那本最難念，對於處理自己的和家庭中的傷痛方式也不一樣。

在講座上，最常被讀者問的事情就是：「大師兄，你到底是怎麼跟自己家人和解的？我不知道如何跟自己的家人和解。我還深陷在裡面，不能原諒。」

我的回答是：「其實我也不知道，就是某天突然覺得好像我可以原諒他了，好像我可以放過自己了。我在台上說過一次謝謝他，隔天在另外一場講座上說第二次，接著是第三次、第四次、第五次……然後，我真的原諒了。」

原諒或許不見得是一個必要的選項，但是選擇之後，你真的會覺得這樣的感覺非常棒。

感謝爸爸給我這一切，感謝我自己撐過去了

以量老師在書裡寫下：「馮以量自己都用了三十多年，才能消化內心對父親的憎恨」，我覺得能理解，並且恭喜他。

我也是花了很長的時間才可以跟大家說：「我已經沒有恨我爸爸了，但是也不會說我很愛他。我只想說一句：我謝謝他。感謝他給我這一切，我又剛好撐過去了。」

也祝福已經撐過去的人，找得到與家人和解的一個機會。

多聽聽、多看看別人的經驗，是一件很好的事情。也非常謝謝以量老師能夠把這段非常不容易的經驗分享出來，真的可以想像在這過程中的艱辛與不易。

以量老師，非常謝謝你。

如何將負能量變成父能量？在這本書中，有很好的解答。

國家圖書館預行編目資料

父能量：放下父愛的缺憾，也放過自己/馮以量著. -- 初版. -- 臺北市：寶瓶文化事業股份有限公司, 2024.11
面； 公分. -- (Vision ; 263)
ISBN 978-986-406-438-0(平裝)

1.CST: 父親 2.CST: 家庭關係 3.CST: 親子關係

544.141 113014602

Vision 263

父能量——放下父愛的缺憾，也放過自己

作者／馮以量（馬來西亞家庭關懷及家族治療推手）
主編／丁慧瑋

發行人／張寶琴
社長兼總編輯／朱亞君
副總編輯／張純玲
編輯／林婕伃・李祉萱
美術主編／林慧雯
校對／丁慧瑋・陳佩伶・劉素芬・馮以量
營銷部主任／林歆婕 業務專員／林裕翔 企劃專員／顏靖玟
財務／莊玉萍
出版者／寶瓶文化事業股份有限公司
地址／台北市110信義區基隆路一段180號8樓
電話／(02)27494988 傳真／(02)27495072
郵政劃撥／19446403 寶瓶文化事業股份有限公司
印刷廠／世和印製企業有限公司
總經銷／大和書報圖書股份有限公司 電話／(02)89902588
地址／新北市新莊區五工五路2號 傳真／(02)22997900
E-mail／aquarius@udngroup.com

法律顧問／理律法律事務所陳長文律師、蔣大中律師
如有破損或裝訂錯誤，請寄回本公司更換
著作完成日期／二〇二四年七月
初版一刷日期／二〇二四年十一月七日
初版六刷+日期／二〇二五年二月十四日
ISBN／978-986-406-438-0
定價／三九〇元

寶瓶文化·愛書人卡

感謝您熱心的為我們填寫，對您的意見，我們會認真的加以參考，
希望寶瓶文化推出的每一本書，都能得到您的肯定與永遠的支持。

系列：Vision 263　書名：父能量——放下父愛的缺憾，也放過自己

1. 姓名：＿＿＿＿＿＿＿＿＿＿ 性別：□男　□女

2. 生日：＿＿＿年＿＿＿月＿＿＿日

3. 教育程度：□大學以上　□大學　□專科　□高中、高職　□高中職以下

4. 職業：＿＿＿＿＿＿＿＿＿＿＿＿＿＿＿＿＿＿＿＿

5. 聯絡地址：＿＿＿＿＿＿＿＿＿＿＿＿＿＿＿＿＿＿＿＿

聯絡電話：＿＿＿＿＿＿＿＿＿＿＿＿＿＿＿＿＿＿＿＿

6. E-mail信箱：＿＿＿＿＿＿＿＿＿＿＿＿＿＿＿＿＿＿

□同意　□不同意　免費獲得寶瓶文化叢書訊息

7. 購買日期：＿＿＿年＿＿＿月＿＿＿日

8. 您得知本書的管道：□報紙／雜誌　□電視／電台　□親友介紹　□逛書店
□網路　□傳單／海報　□廣告　□瓶中書電子報　□其他

9. 您在哪裡買到本書：□書店，店名＿＿＿＿＿＿＿＿＿＿＿＿
□劃撥　□現場活動　□贈書
□網路購書，網站名稱：＿＿＿＿＿＿＿＿＿＿＿＿　□其他

10. 對本書的建議：＿＿＿＿＿＿＿＿＿＿＿＿＿＿＿＿＿＿

＿＿＿＿＿＿＿＿＿＿＿＿＿＿＿＿＿＿＿＿＿＿＿＿

＿＿＿＿＿＿＿＿＿＿＿＿＿＿＿＿＿＿＿＿＿＿＿＿

＿＿＿＿＿＿＿＿＿＿＿＿＿＿＿＿＿＿＿＿＿＿＿＿

11.希望我們未來出版哪一類的書籍：＿＿＿＿＿＿＿＿＿＿＿＿

＿＿＿＿＿＿＿＿＿＿＿＿＿＿＿＿＿＿＿＿＿＿＿＿

（請沿此虛線剪下）

亦可用線上表單。

寶瓶
讓文字與書寫的聲音大鳴大放
寶瓶文化事業股份有限公司

廣　告　回　函
北區郵政管理局登記
證北台字15345號
免貼郵票

寶瓶文化事業股份有限公司　收

110台北市信義區基隆路一段180號8樓

8F,180 KEELUNG RD.,SEC.1,

TAIPEI.(110)TAIWAN R.O.C.

（請沿虛線對折後寄回，或傳真至02-27495072。謝謝）